NORMA PANTOJAS

LO QUE PASÓ, PASÓ . . .

¡No pierdas tiempo mirando el pasado, enfócate en el presente y transforma tu vida hoy!

GRUPO NELSON
Una división de Thomas Nelson Publishers
Desde 1798

NASHVILLE DALLAS MÉXICO DF. RÍO DE JANEIRO

Publicado en Nashville, Tennessee, Estados Unidos de América. Grupo Nelson, Inc. es una subsidiaria que pertenece completamente a Thomas Nelson, Inc. Grupo Nelson es una marca registrada de Thomas Nelson, Inc. www.gruponelson.com

Este libro no pretende sustituir la consulta a un profesional de la conducta humana.

Editora General: *Graciela Lelli*
Editora: *Gizelle F. Borrero*
Fotografías de la autora: *Elysanta Photography*
Peinado y maquillaje de la autora: *Willie Negrón Hair Designers*
Diseño y montaje de la portada: *Nodelis «Loly» Figueroa, Lord & Loly Graphics Designs*
Diseño interior: *Grupo Nivel Uno, Inc.*

La autora está disponible para conferencias, seminarios y talleres. Para contrataciones, por favor comuníquese con Celi Marrero: celimarrero@gmail.com

Para comentarios y sugerencias puede escribir a:
Norma Pantojas
P.O. Box 2348
Bayamón, Puerto Rico, 00960
www.normapantojas.com
normapantojas@gmail.com
www.facebook.com/normapantojas
www.twitter.com/drnormapantojas

ISBN: 978-1-60255-640-9

Impreso en Estados Unidos de América

12 13 14 15 16 BTY 9 8 7 6 5 4 3 2 1

Contenido

Dedicatoria | vii

Agradecimientos | ix

Introducción | xi

Capítulo 1
Lo que pasó, pasó . . . Ahora renuevo mis pensamientos | 1

Capítulo 2
Lo que pasó, pasó . . . Ahora soy responsable de mi vida | 9

Capítulo 3
Lo que pasó, pasó . . . Ahora decido perdonar y ser feliz | 15

Capítulo 4
Lo que pasó, pasó . . . Ahora soy una mujer consciente | 25

Capítulo 5
Lo que pasó, pasó . . . Ahora comprendo que yo también me equivoco | 33

Capítulo 6
Lo que pasó, pasó . . . Ahora me libero del exceso de carga emocional | 43

Capítulo 7
Lo que pasó, pasó . . . Ahora puedo consolar a otros | 61

Capítulo 8
Lo que pasó, pasó . . . Ahora debo enfrentar las consecuencias por mis decisiones y actos | 77

Capítulo 9
Lo que pasó, pasó . . . Ahora no me quedo en el fracaso, adquiero sabiduría | 89

Capítulo 10
Lo que pasó, pasó . . . Ahora abandono mi rol de víctima y sirvo de inspiración para otras mujeres | 101

Capítulo 11
Lo que pasó, pasó . . . Ahora camino adelante, siempre adelante | 107

Capítulo 12
Lo que pasó, pasó . . . Ahora tengo entusiasmo | 117

Capítulo 13
Lo que pasó, pasó . . . Ahora tengo dominio propio | 127

Capítulo 14
Lo que pasó, pasó . . . Ahora tomo el control de mi vida y cambio de canal | 139

Capítulo 15
Lo que pasó, pasó . . . Ahora obedezco a Dios y dejo de recordar el pasado | 151

Capítulo 16
Lo que pasó, pasó . . . Ahora camino hacia el frente sin mirar atrás | 159

Capítulo 17
Lo que pasó, pasó . . . Ahora soy amorosa y compasiva | 173

Capítulo 18
Lo que pasó, pasó . . . Ahora soy consciente de la imperfección de la justicia terrenal | 185

Conclusión | 199

Notas | 209

Acerca de la autora | 213

Dedicatoria

A mis hijos Rut, Sariluz y Jorge Isaac, quienes me han demostrado con sus vidas que dirigir a los hijos en el amor de Dios desde que nacen, y enseñarles con nuestro ejemplo, nos permite la dicha de vernos reflejados en ellos cuando crecen. Para los tres, todo mi amor, admiración y agradecimiento por ser tan especiales con nosotros, sus padres.

A mi esposo, Jorge Pantojas, el hombre que Dios me regaló hace treintisiete años, quien me ha bendecido tanto.

Agradecimientos

En mi caminar por la vida tengo que agradecer sobre todo a Dios, quien me amó desde que me pensó. Cuando miro hacia atrás veo que todo lo que llegó a mis manos, tuvo un propósito en particular y, ahora, a mis cincuenta y nueve años puedo decir, con seguridad, que sin Dios en nuestro corazón somos una nave sin rumbo. Sin embargo, cuando Dios está presente y nos dejamos dirigir por Él, la vida adquiere un nuevo significado. Si nos ocurre algo que no entendemos, podemos decir, sin temor a equivocarnos: «No sé el porqué de esta situación, pero estoy segura de que Dios está en control». A Él le agradezco todo lo que soy.

Le agradezco a Dios el haber conocido a Gizelle Fernández Borrero, quien ha sido la editora de todos mis libros desde que comencé en esta nueva etapa de mi vida. Gizelle ha sido una pieza fundamental en mi desarrollo como escritora porque tiene una sensibilidad y una capacidad extraordinaria para leer emociones, sentimientos y la palabra escrita. Ha logrado conocerme profundamente y ha sacado de mi corazón tesoros que yo no había visto, pero que estaban presentes esperando que alguien los descubriera. Para ella, mi admiración, mi profundo agradecimiento y las abundantes bendiciones de Dios.

A mi hermana, Celi Marrero, y a mi cuñado, Jorge Rivera, de CJ Media Planners, mis más fieles colaboradores en todos mis proyectos, les doy gracias por el amor y la pasión que ponen en todos mis asuntos.

A Loly Figueroa, quien siempre ha sabido plasmar mi alegría de vivir en cada una de las portadas de mis libros.

Agradezco profundamente a Bianca Torres Fernández, una de las hijas de mi editora, Gizelle, quien siendo una adolescente, ha tenido la sabiduría para ayudar en el desarrollo de la tabla de alternativas en la solución de problemas que incluimos en el primer capítulo de este libro.

Gracias también a la doctora Migdalia López Carrasquillo, catedrática en la Universidad de Puerto Rico, quien nos permitió usar el modelo de la tabla de solución de problemas que elaboró en su libro *Marginados en un mundo de letras: 14 principios para enseñar con amor, compasión y alegría.*

A Carlos Hernández, quien siempre nos ha contagiado con su entusiasmo. Gracias a su empeño, durante una conversación con él, me surgió la idea para el título de este libro: «Lo que pasó, pasó . . . ».

A Larry Downs, vicepresidente de Grupo Nelson, quien ha puesto su corazón en esta obra, y a todo nuestro equipo de trabajo, que han colaborado afanosamente para que este mensaje de esperanza llegue al corazón de tantas vidas sedientas, mi más profundo agradecimiento.

—Norma Pantojas

Introducción

*Son muchas las mujeres que viven sufriendo por una expe*riencia pasada, bien sea porque ellas cometieron algún error o porque alguien las rechazó, las abandonó o les hizo daño. El hecho de vivir aferradas al dolor ocasionado por ese incidente del pasado les retrasa su desarrollo espiritual, emocional y físico. Estas mujeres no se dan cuenta de que asumir de manera negativa un evento y luego revivirlo a lo largo de su existencia, les priva de alcanzar la felicidad porque al quedarse suspendidas en el momento doloroso del incidente, ni fueron felices en el pasado ni lo son en el presente ni lo serán en el futuro. Es como si el reloj de su vida se hubiera detenido en una época o como si la persona se hubiera congelado en el tiempo sin poderse mover ni cambiar de posición. Mantenerte rumiando las experiencias amargas del pasado no sólo te aflige sino que, además, estropea tu existencia y la de aquellos que se relacionan contigo. Para dejar ese pasado atrás y poder decir con libertad: «Lo que pasó, pasó . . . », necesitas desarrollar una vida espiritual saludable pues esto es lo único que nos garantiza una vida emocional plena en la que reconocemos nuestro valor, independientemente de los errores que podamos haber cometido, ni del abandono o el rechazo que hayamos experimentado a lo largo de nuestras vidas. La madurez espiritual nos permite dejar atrás lo que nos hizo daño para llegar a disfrutar de un presente con nuevas experiencias, en el que podamos tomar las buenas decisiones que nos construirán un futuro exitoso. Cultivar la sanidad emocional es el antídoto contra la amargura, el odio, la depresión y toda emoción negativa que seguro nos llevará a la muerte en vida.

¿Cuándo podemos decir que tenemos sanidad emocional? Sabemos que estamos emocionalmente sanas cuando aprendemos a aceptar lo que no podemos cambiar y estamos dispuestas a trabajar lo que sí podemos transformar. Disfrutamos de sanidad emocional cuando reconocemos que en la vida nos podemos equivocar, sin caer en el horror de justificar nuestros errores aludiendo a nuestra débil naturaleza humana. Por el contrario, debemos usar nuestra humanidad creada a imagen y semejanza de Dios, para ser capaces de superarnos por encima de las circunstancias, para hacer cambios en nuestra manera de pensar a favor de nuestra manera de vivir y para esforzarnos por alcanzar siempre lo excelente. Aunque en el principio Dios creó al ser humano perfecto, en el momento en que Adán y Eva cedieron a la tentación, le abrieron la puerta a la imperfección y al pecado. Por eso la Palabra destaca que por la desobediencia de un hombre entró el pecado, pero por el sacrificio de otro, que se llama Jesucristo, entró la salvación:

Si por el pecado de Adán, la muerte reina en el mundo, con mayor razón, por medio de Jesucristo, nosotros reinaremos en la nueva vida, pues Dios nos ama y nos ha aceptado, sin pedirnos nada a cambio. Por el pecado de Adán, Dios declaró que todos merecemos morir; pero gracias a Jesucristo, que murió por nosotros, Dios nos declara inocentes y nos da la vida eterna. O sea, que la desobediencia de uno solo hizo que muchos desobedecieran, pero por la obediencia de Jesús, Dios declaró inocentes a muchos. La ley apareció para que el pecado se hiciera fuerte; pero si bien el pecado se hizo fuerte, el amor de Dios lo superó. Y si el pecado reinó sobre la muerte, el amor de Dios reinó sobre la vida. Por eso Dios nos ha declarado inocentes, y nos ha dado vida eterna por medio de nuestro Señor Jesucristo.

—Romanos 5.17–21

A pesar de la transgresión y la rebeldía del ser humano, Dios, quien lo creó con su amor, le regala su justicia al otorgarle un perdón inmerecido a todo aquel que reconoce su desobediencia, se arrepiente de su mal proceder, y acepta que Jesucristo es el hijo de Dios que murió en la cruz para perdón de nuestros pecados. En ese acto de humillación Dios nos regala su perdón, no porque lo merezcamos sino porque nos ama. Así es como después del pecado de Adán, aquel hombre que se desconectó de Dios por su desobediencia en el Jardín del Edén, hoy a través del sacrificio de Cristo en la cruz, los seres humanos se conectan nuevamente a su presencia al reconocer que sin ese vínculo con su Creador es imposible vivir. De la misma manera, un radio que no se conecta a la energía eléctrica, no puede emitir ningún sonido, pero una vez se ha enchufado al interruptor de electricidad, comienza a funcionar. Así somos nosotros, si no nos conectamos con Dios no tendremos la sabiduría para vivir a plenitud.

La conexión o reconciliación con Dios es lo único que nos capacita para perdonar a los demás y a nosotras mismas sin guardar ningún tipo de amargura en nuestro corazón. Cuando podemos perdonar de esa manera y rechazar pensamientos de heridas pasadas, somos capaces de decir con libertad y convicción: «Lo que pasó, pasó...» porque hemos sido liberadas por el amor y el perdón de Dios. En el instante en que logramos salir del pasado y comenzamos a vivir el presente con optimismo y valor, enderezando el camino y dejando atrás lo que ya no podemos cambiar, nuestras vidas prosperan y alcanzan su máximo potencial.

Mi amiga querida, la amargura, el rencor y el dolor del pasado nos desenfocan, nos quitan energía, y nos hacen perder la capacidad creadora porque sólo tenemos tiempo y espacio para acariciar el dolor y revivir lo que nos ha provocado una honda tristeza. Es como si te embriagaras, pero en lugar de hacerlo con alcohol, lo estuvieras haciendo con el veneno de la amargura. Así como el alcohol nubla el entendimiento, la embriaguez de odio, dolor y rencor oscurece tu vida espiritual, que es la responsable de tu manera de vivir.

El mundo espiritual que Dios anhela que practiquemos está dirigido por Él. Por tanto, siendo Él la fuente del amor, todo está impregnado de su esencia: amor, perdón y compasión. Así que si desarrollas una relación profunda con Él, practicarás sus enseñanzas y llegará el momento en que las emociones que producirá tu corazón serán las que se destacan en el libro de Gálatas como los frutos del Espíritu Santo:

> Pero la clase de fruto que el Espíritu Santo produce en nuestra vida es: amor, alegría, paz, paciencia, gentileza, bondad, fidelidad, humildad y control propio. ¡No existen leyes contra esas cosas!
>
> —Gálatas 5.22–23

Como resultado de esa amistad con Dios, tus acciones estarán saturadas de su esencia. Por otra parte, los que viven contrario a la ley de Dios están dirigidos por el mal y viven inmersos en la oscuridad del rencor, la amargura y el odio. Es por eso que en aquellos que no han conocido a Cristo, predomina el desprecio, el resentimiento, la venganza y la insensibilidad; todo lo que estimula las bajas pasiones. Si vives sumergida en ese mundo de coraje y falsedad, te impregnarás de sus características y tus acciones quedarán definidas por toda la negatividad a la que te expones, lo que te dirigirá a la infelicidad. Sin embargo, si grabas en tu corazón la Palabra de Dios, la bondad desplazará a la maldad.

Tus pensamientos equivocados te provocan sentimientos igualmente equivocados que te llevan a distorsionar la realidad. Sin embargo, por más que odies, sufras o llores, ninguno de esos sentimientos te permitirá cambiar eventos que ya pasaron. De ninguna manera podrás volver a vivir la realidad que ya quedó atrás, en el pasado y que sólo se hace presente una y otra vez debido a tu pensamiento y a la actitud que asumes ante lo que piensas. Si el sufrimiento, el odio y el rencor fueran útiles para cambiar o borrar los eventos dolorosos o los errores del pasado, yo sería la primera en recomendarles que odiaran, lloraran y guardaran mucho rencor. Sin embargo, esa no es la realidad. Es imposible alcanzar la felicidad si seguimos alimentando sentimientos de tristeza porque nuestras acciones se desprenden directamente de los sentimientos que albergamos en nuestro corazón y esos sentimientos surgen, a su vez, de los pensamientos que constantemente se están generando en nuestro interior.

¿Sabes cómo se forman esos pensamientos? Con la información que le suministramos cada segundo a nuestro cerebro. Este es como una computadora gigantesca que produce respuestas de acuerdo a la alimentación que recibe a través de nuestra herencia, por lo que vimos en nuestro medio ambiente, en la escuela, la iglesia y en la televisión, mediante todo aquello que leemos y las amistades con quienes compartimos. Es como si al nacer nos fuéramos con un carro de compras por la vida para hacer una suculenta cena al final del camino y hubiésemos ido almacenando todo lo que estuvo a nuestro alcance. Si los lugares que visitamos estaban llenos de artículos de calidad, la compra nos será útil para preparar una comida saludable y deliciosa, pero si por el contrario, los lugares que visitamos fueron malos, el carrito terminará lleno de productos de baja calidad y las comidas serán dañinas para nuestro cuerpo. Así es la vida, de acuerdo al cúmulo de experiencias de aprendizaje que adquirimos, será la calidad de los pensamientos que cultivemos. Quiere decir que si anhelas cambiar tu manera de vivir, necesitas cambiar tu manera de pensar. No podemos ver programas nuevos si nos quedamos mirando un mismo canal. De la misma manera, tu vida no podrá ser diferente si no cambias los patrones de pensamiento equivocados que persisten en reciclar la amargura y el rencor.

Lo que sí podemos hacer para transformar ese pasado es sembrar pensamientos de arrepentimiento, perdón y sosiego en nuestra mente. Este tipo de ideas nos ayudan a experimentar sentimientos de bien. Por consiguiente, nuestras acciones serán diferentes porque de acuerdo a como pensamos, sentimos, y de acuerdo a como sentimos, actuamos. Por ende, si nos quedamos pensando de la misma manera en que pensábamos en el pasado, volveremos a sentir las mismas emociones que afloraron en nosotros al momento de sufrir la ofensa pasada y, por consiguiente, las acciones seguirán siendo negativas. Como suelo recalcar siempre en mis conferencias: como pienso, siento y como siento, actúo. Por fortuna, Dios, nuestro Creador, fue tan sabio que a través de su Palabra nos liberó de la falsa concepción de que somos esclavos de nuestros pecados.

Ahora bien, ¿eso significa que podemos seguir pecando porque la gracia de Dios nos ha liberado de la ley? ¡Claro que no! ¿No se dan cuenta de que uno se convierte en esclavo de todo lo que decide obedecer? Uno puede ser esclavo del pecado, lo cual lleva a la muerte, o puede decidir obedecer a Dios, lo cual lleva a una vida recta. Antes ustedes eran esclavos del pecado pero, gracias a Dios, ahora obedecen de todo corazón la enseñanza que les hemos dado. Ahora son libres de la esclavitud del pecado y se han hecho esclavos de la vida recta. Uso la ilustración de la esclavitud para ayudarlos a entender todo esto, porque la naturaleza humana de ustedes es débil. En el pasado, se dejaron esclavizar por la impureza y el desenfreno, lo cual los hundió aún más en el pecado. Ahora deben entregarse como esclavos a la vida recta para llegar a ser santos. Cuando eran esclavos del pecado, estaban libres de la obligación de hacer lo correcto. ¿Y cuál fue la consecuencia? Que ahora están avergonzados de las cosas que solían hacer, cosas que terminan en la condenación eterna. Pero ahora quedaron libres del poder del pecado y se han hecho esclavos de Dios. Ahora hacen las cosas que

> llevan a la santidad y que dan como resultado la vida eterna. Pues la paga que deja el pecado es la muerte, pero el regalo que Dios da es la vida eterna por medio de Cristo Jesús nuestro Señor.
>
> —Romanos 6.15-23

Dios nos dotó de un cerebro que puede aprender y desaprender. No hay razón para vivir esclavizadas a maneras de vivir equivocadas ni tan siquiera a la herencia genética y social que recibimos de nuestros padres. Nuestro cerebro es moldeable y siempre podemos cambiar. Tenemos la capacidad de transformar la maldición del pasado en bendición, cuando usamos las malas experiencias para aprender de ellas, en lugar de castigarnos con ellas. La solución a ese pasado doloroso nunca debe ser la culpabilidad, porque la culpa no estimula la sanidad emocional ni la espiritual, sino que alienta la depresión. La Biblia nos muestra que Judas se sintió culpable por haber vendido a Jesús, pero no se arrepintió de su error. Por eso, en medio de su desesperación, se ahorcó. La culpa hace que te percibas como una persona perversa y eso provoca que te sientas muy mal contigo misma. Como consecuencia, piensas que no vales. Es como si hubieras descubierto que no hay nada bueno en tu vida. Por el contrario, si en lugar de hallarte culpable te sientes responsable por la acción equivocada que cometiste y te arrepientes de haberlo hecho, podrás desaprobar tu mala conducta, pero no tu persona. El asumir responsabilidad ante una acción equivocada no lacera nuestra autoestima y nos permite ver que somos valiosas a pesar de nuestras debilidades y errores. Por tanto, hay una gran diferencia entre percibirnos culpables y hacernos responsables cuando hemos actuado mal. La culpa me dirige a rechazarme a mí misma y me devalúa. El hacerme responsable me conduce a rechazar la mala conducta, aceptando que cometí un error, pero no me devalúa como individuo.

El tener clara conciencia de que somos los administradores de nuestra manera de vivir y de actuar, así como de todo lo que vamos logrando o perdiendo en nuestro paso por la vida, nos crea una clara conciencia del valor que tiene cada segundo que marca el reloj. Inevitablemente, el tiempo pasa aunque no lo queramos, aunque estemos tristes o alegres. Por tanto, aquellas personas que se estancan en una angustia o en un rencor, se quedan atrás haciendo el papel de víctimas porque el tiempo siguió su carrera desenfrenada y las dejó congeladas en su dolor sin darle paso a la alegría de vivir.

Conquistamos la alegría de vivir cuando estamos conscientes de que «lo que pasó, pasó . . . » y ya no podemos volver atrás de ninguna manera, así que lo mejor es construir un puente que nos permita pasar del dolor a la alegría; de la amargura y el rencor al perdón; de la autocompasión a la superación; del desamor al amor incondicional. Ese puente se llama Dios y es el único que nos permite superar los momentos difíciles y nos hace elevarnos por encima de las circunstancias, no importa lo dolorosas o insalvables que parezcan.

El Señor mismo a través de su Palabra nos instruye para que aprendamos a desvestirnos de las malas costumbres y de la vieja naturaleza que se dedicaba a practicar el pecado y nos invita a vestirnos de la nueva naturaleza que adquirimos cuando confesamos que Jesús es nuestro Salvador. En la medida en que conocemos a nuestro Creador a través de su Palabra nos vamos renovando y pareciéndonos más cada día a Jesucristo.

> Ustedes solían hacer esas cosas cuando su vida aún formaba parte de este mundo. Pero ahora es el momento de eliminar el enojo, la furia, el comportamiento malicioso, la calumnia y el lenguaje sucio. No se mientan unos a otros, porque ustedes ya se han quitado la vieja naturaleza pecaminosa y todos sus actos perversos. Vístanse con la nueva naturaleza y se renovarán a medida que aprendan a conocer a su Creador y se parezcan más a él.
>
> —Colosenses 3.7–10

En estos versos bíblicos está la clave para liberarse del pasado:

- Reconoce a Dios como el Creador de todo lo que existe.
- Evalúa tu vida a la luz de su Palabra.
- Acepta que necesitas su intervención para decidirte a hacer los cambios que necesitas en tu vida porque tú sola no puedes.

- Despójate de tu vieja naturaleza pecaminosa y permite que Él sea quien dirija tu vida de ahora en adelante:

Cuando ustedes siguen los deseos de la naturaleza pecaminosa, los resultados son más que claros: inmoralidad sexual, impureza, pasiones sensuales, idolatría, hechicería, hostilidad, peleas, celos, arrebatos de furia, ambición egoísta, discordias, divisiones, envidia, borracheras, fiestas desenfrenadas y otros pecados parecidos. Permítanme repetirles lo que les dije antes: cualquiera que lleve esa clase de vida no heredará el reino de Dios. Pero la clase de fruto que el Espíritu Santo produce en nuestra vida es: amor, alegría, paz, paciencia, gentileza, bondad, fidelidad, humildad y control propio.

—Gálatas 5.19–23

- Obedece siempre su Palabra, aunque no sientas deseos de hacerlo. Primero debemos poner la acción y después darle paso a la emoción. Esto quiere decir que debo hacer las cosas por convicción aunque no tenga el deseo de hacerlas, porque después de emprender la acción sentiré la satisfacción del deber cumplido. Quienes actúan de acuerdo a las emociones, no desarrollan un carácter firme porque las emociones, por su propia naturaleza, son variables. Por ejemplo, hoy tengo deseos estudiar, pero mañana puede ser que no los tenga. No obstante, la razón y el deber me dicen: «es necesario que estudies», por eso, decido estudiar aunque no tenga deseos de hacerlo, pues luego tendré la satisfacción de haber cumplido con mi deber.

- Vístete con la nueva naturaleza de Dios: amor, alegría, paz, paciencia, gentileza, bondad, fidelidad, humildad y control propio, que están enumerados en el libro de Gálatas 5.23.
- Renuévate con el conocimiento que adquieres de la voluntad de Dios, por medio de su Palabra, porque mientras más conoces de Él, más te llenas de su esencia, más te parecerás a Él y cada día te acercarás más a la excelencia.
- Finalmente, «Cristo es lo único que importa», lo que significa que ni la raza ni la posición social ni el grado de ofensa que hayas cometido o cuánto los demás te hayan ofendido, nada tiene más importancia que Cristo y el modelo que Él representa para nosotros. Con Él lo podemos todo. Él es nuestra fuerza, nuestro amor y nuestro ayudador.

Mi amiga querida, lo que te recomiendo en este libro es lo que a mí me ha funcionado a lo largo de mi vida y los resultados han sido extraordinarios. Sigue conmigo la lectura y te enterarás de cuántos momentos difíciles he tenido que superar, pero ninguno me ha destruido, gracias a que un día decidí seguir el camino de Aquel que siempre ha estado conmigo dándome las fuerzas para vencer. Tú también puedes lograrlo, anda y atrévete a intentarlo, no te vas a arrepentir.

¡Cuando Dios vive en nosotros nada nos esclaviza; tenemos la libertad de seleccionar lo que es bueno, agradable y perfecto para nuestras vidas!

CAPÍTULO 1

Lo que pasó, pasó . . .

Ahora renuevo mis pensamientos

*¿Por qué las mujeres somos tan propensas a quedarnos atas-*cadas viviendo en el pasado? Porque es más fácil mantenernos en el papel de víctima recordando y recreando el daño que alguien nos hizo, con todas las emociones negativas que nos produjo el suceso, que decidirnos a cambiar nuestro esquema de pensamientos para poder perdonar la ofensa y disfrutar las maravillas que Dios nos regala cada día. Trazar la ruta hacia el perdón que nos lleve a bendecir aún a aquel que nos ha herido es más trabajoso que continuar el camino hacia el odio, el rencor y el resentimiento, porque es a lo que por lo general se inclinan los sentimientos de la mayoría de las personas cuando han sido lastimadas. Odiar

es fácil cuando llega la traición, el desamor y el rechazo; lo difícil es amar, en esas mismas circunstancias a quien no se lo merece por el daño que ha provocado. Esto significa que la persona ofendida o traicionada tendrá que hacer un esfuerzo consciente para salirse de lo que socialmente se considera natural. La sociedad nos ha enseñado que hay acciones que son imperdonables, y se considera normal, por ejemplo, que se odie a aquel que agrede sexualmente a un niño, a quien es infiel o a quien comete un asesinato. No obstante, Dios, nuestro Creador, nos enseña con su ejemplo a perdonar siempre y a amar a nuestros enemigos sin importar la falta que hayan cometido, todo lo contrario a la herencia social que cargamos cada día. Por esa razón, perdonar, dejar el pasado atrás, y comenzar a vivir una nueva vida se ha convertido en una acción difícil de realizar. La costumbre nos inclina a seguir el patrón social de odiar, mientras Dios nos dirige a formar estructuras basadas en el amor, el perdón y la restauración. Por eso nos dice en su Palabra:

> Han oído la ley que dice: «Ama a tu prójimo» y odia a tu enemigo. Pero yo digo: ¡ama a tus enemigos! ¡Ora por los que te persiguen! De esa manera, estarás actuando como verdadero hijo de tu Padre que está en el cielo. Pues él da la luz de su sol tanto a los malos como a los buenos y envía la lluvia sobre los justos y los injustos por igual. Si sólo amas a quienes te aman, ¿qué recompensa hay por eso?

> Hasta los corruptos cobradores de impuestos hacen lo mismo. Si eres amable sólo con tus amigos, ¿en qué te diferencias de cualquier otro?
>
> —Mateo 5.43–47

Ese plan perfecto de Dios nos dirige a tener una actitud mental sana, pero para saber cómo es posible aprender a amar y a perdonar a aquellos que nos han hecho daño, es necesario que conozcamos unos datos sencillos sobre el funcionamiento de nuestro cerebro. El doctor Joe Dispenza, un reconocido quiropráctico y estudioso de la neurofisiología y del funcionamiento cerebral, explica que existe un tipo de memoria que él denomina: *memoria implícita*. Esta memoria está relacionada con los hábitos, habilidades, reacciones emocionales, reflejos, condicionamientos, mecanismos de respuesta a los estímulos, recuerdos aprendidos por asociación y conductas instaladas que podemos demostrar con facilidad, sin demasiada atención consciente.[1] La mente aprende y le enseña al cuerpo a ejecutar cada acción por medio de repeticiones hasta que el cuerpo fija esa acción y la puede repetir automáticamente, sin que tenga que participar la mente consciente. Así, el cuerpo memoriza lo que la mente consciente se acostumbró a enseñarle.

El cerebro es poderoso y te va a responder de acuerdo a la información que le suministres. Si lo alimentaste con pensamientos tristes y negativos, tu cuerpo, a fuerza de tanto practicar lo que tu mente le ordenaba, memorizó la acción de pensar en eventos dolorosos. Un ejemplo de cómo funciona esta estructura cerebral es cuando aprendimos a cepillarnos los dientes durante la infancia. La primera vez que lo hicimos fuimos paso por paso, pero tan pronto el cuerpo memorizó la acción, lo comenzamos a hacer automáticamente porque ya estábamos acostumbrados a repetir la misma acción. No obstante, si un día nos levantáramos y por falta de agua no nos pudiéramos lavar los dientes, nos sentiríamos incómodas porque ya estamos acostumbradas a esa acción diaria. Así pasa con todo lo que estamos habituados a hacer. Si desarrollas la terrible costumbre de sufrir, el día que todo esté bien echarás de menos la tristeza y la angustia e inconscientemente buscarás la forma de experimentar sufrimiento. Amiga querida, se hace un hábito hasta de sufrir. Procura desarrollar la sana costumbre de ser feliz, sembrando pensamientos de amor, de perdón y de paz en tu mente y en tu corazón.

Muchas mujeres viven en el pasado, precisamente, porque se han dedicado a revivir una y otra vez los recuerdos dolorosos y esa evocación constante ha llegado a hacerlos realidad en su pensamiento hasta el punto en que experimentan todas las emociones que sintieron cuando ocurrió el incidente doloroso. Como consecuencia de esta reacción inconsciente del cerebro, las personas que no perdonan continúan fijando en su corazón los sentimientos negativos de amargura y odio que son los que las dejan viviendo en el pasado, recreando una película que ya solo es real en su pensamiento.

A pesar de los errores que hayamos cometido, de los rechazos recibidos y de todo lo que haya pasado en la historia de nuestra vida, Dios siempre está ahí para sostenernos, bendecirnos y levantarnos. En el momento en que se te presente alguna dificultad, no actúes impulsivamente dejándote llevar por la emociones. Es mucho mejor que te detengas, pienses y analices la situación antes de llenarte de sentimientos de coraje que te arrastren a cometer imprudencias. A todas se nos presentan innumerables situaciones conflictivas similares a lo largo de nuestras vidas, pero lo que varía de una persona a otra es la actitud que cada una asume frente a las dificultades. Actitudes diferentes provocan resultados diferentes. Mientras más sosiego tienes para resolver un problema, mayor es la claridad y la creatividad que tendrás para encontrar soluciones.

En una ocasión recibí en consejería a una señora a quien su esposo la abandonó por una mujer mucho más joven que ella. Llevaban cuarenta y cinco años de casados, él tenía su negocio propio y se enamoró de una muchacha de veintitrés años. La señora nunca había trabajado y al enterarse de la traición de su marido, se sintió desvalida, pero no actuó con odio ni le hizo daño a él ni a la joven. Tampoco indispuso a sus hijos contra él. Simplemente, se ajustó a su nueva realidad y siguió adelante en la vida. Sin embargo, la mayoría de las mujeres quieren vengarse de sus maridos y viven amargadas el resto de sus días mientras los hombres siguen rehaciendo sus vidas con otras mujeres. En casos como este, yo suelo decirles a las mujeres que en vez de tomar la justicia en sus manos, esperen que se manifieste la justicia perfecta de Dios pues a Él no se le va la mano, como podría pasarles a ellas. Confiar en la equidad divina les evitará mucho dolor y sufrimiento. Es necesario aprender a adoptar formas nobles de actuar. En el libro *Marginados en un mundo de letras: 14 principios para enseñar con amor, compasión y alegría,* la doctora Migdalia López Carrasquillo muestra cómo elaborar una metodología para visualizar diferentes actitudes que podemos asumir ante un mismo suceso y cuáles serían sus posibles resultados. Utilizando una variante de la tabla de «Pasos para la Solución de Problemas» que desarrolló la doctora López Carrasquillo en su obra, te invito a que analices las actitudes negativas que has tomado cada vez que se te presenta un reto y así aprenderás a pensar en nuevas opciones que te hagan sentirte feliz.[2]

Clarificar el problema	Determinar opciones	Analizar posibles consecuencias	Seleccionar la mejor opción	Evaluar los resultados después de poner la selección en práctica
Mi esposo me dejó por una mujer más joven que yo	1. Suplicarle que no me deje.	1. Se ve afectada mi dignidad, pues el amor no se debe mendigar.		
	2. Aceptar que se quede con la otra mujer y conmigo a la vez.	2. Se ve afectada mi dignidad.		
	3. Darle una paliza a él o a su amante.	3. Puedo ser acusada por agresión e ir a la cárcel.		
	4. Ir a donde él trabaja e insultarlo frente a todos.	4. Quedo como una loca frente los demás.		

	5. Quedarme encerrada en mi casa llorando y comiendo dulces.	5. Engordo y podría perder el trabajo.		
	6. Matar a mi esposo o a su amante.	6. Con toda seguridad iría a la cárcel.		
	7. Suicidarme.	7. Está en contra de los principios divinos. Muero y mi familia sufre.		
	8. Tirarle sus cosas por el balcón.	8. Me pueden poner cargos por alteración a la paz.		
	9. Demandarlo por adulterio.	9. Voy a perder mucho dinero y tiempo en el tribunal.		
	10. Congelarle las cuentas bancarias a mi esposo.	10. Va a tomarlo como un acto de venganza y puede hacerme daño.		
	11. Perdonarlo y no volver con él, si es reincidente. Perdonarlo y volver con él si ha sido la primera vez y ha demostrado un arrepentimiento genuino.	11. Me libero de sentimientos dañinos, sostengo mi dignidad, acepto lo que pasó, uso los mecanismos legales si fueran necesarios y sigo hacia adelante.	✓	

	12. Perdonarlo e ir a consejería de familia.	12. Puede ser que recapacite y volvamos a vivir juntos.	✓	
	13. Aceptar la pérdida.	13. Podría comenzar una relación con otro hombre.		
	14. Hacer algo que me haga sentir bien. • Ir al salón de belleza • Ayudar a una causa benéfica	14. Mientras hago algo diferente, puedo conocer nuevos amigos o descubrir talentos que no sabía que tenía.	✓	
	15. Manipularlo.	15. El hombre se hartará de mí y seguiré sintiéndome la víctima de él.		
	16. Escuchar canciones «cortavenas».	16. Mi mente comenzará a creer todo lo que escuche.		

En este caso las mejores opciones serían la 11, la 12 y la 14.

CAPÍTULO 2

Lo que pasó, pasó . . .

Ahora soy responsable de mi vida

Diariamente durante mi consulta privada como consejera de familia o a través de mi participación en la radio y la televisión, escucho a las personas decir: «Yo no he logrado nada en mi vida por culpa de ________». En ese espacio en blanco cada quien pone el nombre de alguien a quien no ha perdonado por haberle causado alguna falta —real o imaginaria— y por ello le responsabiliza de todo lo negativo que le ocurre. Aunque puede resultar difícil de aceptar, la responsabilidad sobre lo que le ocurre en su vida únicamente le compete a quien está adjudicando las culpas. Tú y yo somos responsables de quiénes somos, en qué lugar estamos, de la decisiones que hemos tomado y hacia dónde nos dirigimos. No obstante, la forma más fácil de evadir el miedo que nos provoca madurar y asumir la obligación de nuestra vida, es culpar a otros por el daño que nos han hecho. Así se perpetúan de generación en generación las debilidades de cada familia. Cada persona afirma que su vida es desgraciada por la forma en que lo criaron. Quien tiene mal carácter dice que es así porque lo maltrataron, el adicto al alcohol culpa a su padre o a su madre alcohólica, la mujer que no estudió dice que no pudo educarse porque tuvo que dedicarle su juventud a sus hijos, y así hay tantas otras razones para huir de la responsabilidad por la propia vida, como personas puedan existir en este mundo. Doña Culpa va por el planeta ofreciendo sus servicios a todo aquel que necesite a alguien en quien depositar su amargura y siempre encuentra un corazón que le dé hospedaje, muchas veces permanentemente. Pero Doña Responsabilidad —que es muy sincera y libera a cada persona que acepta sus servicios— no es muy querida por mucha gente. Son muchas las personas a quienes se les hace difícil declarar: «Yo soy responsable de mi vida, de mis actos, de mis decisiones, de quien soy en este momento». Aunque todo esto que te digo parece negativo, es importante que entiendas que saber que eres responsable de tu vida es una buena noticia porque significa que no importa cuán negativo haya sido tu hogar de origen, Dios te da la oportunidad de trazar el camino a seguir, cuando te amistas con Él de corazón. De ninguna manera estás esclavizada a lo que aprendiste en el hogar en el que naciste.

Una mujer que conocí en mi práctica como consejera de familia, vivió por varios años casada con un hombre que la maltrataba, con quien concibió dos hijos. La atmósfera que se respiraba en su hogar fue siempre de tensión, miedo y dolor. Por mucho tiempo ese fue el escenario en el que vivieron sus hijos. A pesar de la angustia que experimentó durante esa relación, siempre le faltaron las fuerzas para salir de aquel lugar porque todo el tiempo el miedo la debilitaba. Un día, se dio cuenta de que necesitaba liberarse de aquel ciclo de violencia que se repetía una y otra vez y logró divorciarse, a pesar de que siempre había creído que el matrimonio es para toda la vida. Pero ya el veneno de la amargura que caracterizaba a aquella relación, estaba en el corazón de todos y se había entronizado en aquellos niños que muy pronto se convertirían en adultos. Hoy día aquellos niños han llegado a la adultez y han volcado su frustración en las drogas y el alcohol; ambos culpan a sus padres de su condición y la madre, a su vez, culpa a su esposo de todo lo que están viviendo. El balance de sus vidas al día de hoy es una madre sumida en la depresión al ver cómo se destruyen sus hijos con su mala manera de vivir y unos hijos justificando su mala conducta por el pasado que vivieron en su hogar.

El denominador común del pensamiento equivocado de todos ellos es el culpar a otros de su condición actual por hechos ocurridos en el pasado. No adelantamos absolutamente nada en nuestro desarrollo emocional, físico ni espiritual culpando a otros por nuestra mala manera de vivir. Desde el momento en que tenemos la capacidad para aprender a pensar y a tomar decisiones, podemos cambiar el rumbo de nuestra vida. Como decía el poeta español, Antonio Machado, en su poema «Caminante no hay camino»,[1] el rumbo de nuestra vida está trazado por las huellas que nosotros mismos vamos dejando con las decisiones que tomamos y nuestras acciones. Nosotras mismas hacemos el camino al andar, por tanto, nosotras somos las responsables del lugar en donde estamos hoy. Cuando nos detenemos y miramos hacia el pasado, vemos el camino que hemos formado por nuestras huellas, pero sabemos que no podremos volver a pisar jamás el trayecto que ya hemos recorrido. Machado se reafirma en su mensaje de que no hay caminos hechos *sino estelas en la mar*.[2] Las estelas son las huellas que dejan los barcos al navegar, pero por ser en el agua no son permanentes, así que tras el paso de un barco, las aguas vuelven a juntarse. Los malos recuerdos deben rememorarse solo para utilizar las experiencias que nos resulten útiles en nuestro desarrollo personal y no para atrasarnos y quedarnos viviendo una época que ya no podemos repetir, porque «lo que pasó, pasó . . . ».

Tanto tú como yo somos responsables del camino que vamos trazando con nuestra manera de vivir. La familia que cité al principio, no reconoció la importancia de dejar el pasado atrás y, por ello, hicieron con sus hijos lo mismo que sus padres hicieron con ellos. ¿Por qué si a ti te maltrataron, tienes que hacer lo mismo con tus hijos? Un mal no se cura haciendo otro mal, eso se llama venganza. Lamentablemente, hoy esa familia está recogiendo lo que sembró en el corazón de sus hijos. La violencia engendra odio, rebeldía, pero el perdón engendra amor y armonía.

Finalmente, lo más importante es lo que Dios nos dice a través de su Palabra y Él nos exhorta a hacer el bien porque cada uno es responsable de la clase de semilla que seleccione para sembrar y de acuerdo a la selección que haga, será la calidad del producto que recoja.

> No se dejen engañar: nadie puede burlarse de la justicia de Dios. Siempre se cosecha lo que se siembra. Los que viven sólo para satisfacer los deseos de su propia naturaleza pecaminosa cosecharán, de esa naturaleza, destrucción y muerte. Pero los que viven para agradar al Espíritu, del Espíritu, cosecharán vida eterna. Así que no nos cansemos de hacer el bien. A su debido tiempo, cosecharemos numerosas bendiciones si no nos damos por vencidos.
>
> —Gálatas 6.7–9

Hoy es el mejor día para comenzar a trazar un nuevo camino para tu vida dejando de culpar a otros por tu manera de vivir y asumiendo responsabilidad por cada uno de tus actos, porque tú eres dueña de la actitud que vas a asumir con lo que te pasa. Dios y tú son mayoría, y no habrá situación alguna que Él y tú no puedan vencer.

CAPÍTULO 3

Lo que pasó, pasó . . .

Ahora decido perdonar y ser feliz

Mientras estaba aguardando para que me atendieran en un consultorio médico, en el televisor de la sala de espera estaban transmitiendo una telenovela en la que escuché que el personaje de una mujer le decía a otra: «Las deudas que tú tienes conmigo no se vencen nunca». Esa terrible declaración me impresionó muchísimo y quiero compartirla contigo pues es la misma que yo oigo innumerables veces en mi oficina en la boca de personas que se quedaron en el pasado y están salpicando a otros con su amargura porque de tanto exponerse a modelos de conducta que promueven el rencor, sin darse cuenta han programado su cerebro para reaccionar con odio y perpetuar los eventos negativos en su pensamiento. Esa deuda que no vence nunca es la que mantiene a la gente esclavizada para siempre, sin poder experimentar el dulce sabor del amor y del perdón.

En mi consulta como consejera de familia atendí a dos mujeres que habían pasado por el terrible suceso de una violación, pero sus destinos han sido totalmente diferentes porque las actitudes que asumieron frente a ese doloroso y trágico incidente fueron muy distintas. Mientras una de ellas tomó la decisión de perdonar a su agresor y superar la experiencia traumática, la otra ha tronchado su vida porque adondequiera que va narra el suceso con coraje y cada vez que lo hace, vuelve a rumiar lo que ya pasó. El Diccionario de la Real Academia Española define la palabra *rumiar* como «masticar por segunda vez, volviéndolo a la boca, el alimento que ya estuvo en el depósito que a este efecto tienen algunos animales».[1] A primera vista parece repugnante esa característica que tienen algunos animales de devolver a la boca el alimento que ya estaba en el estómago, para volver a masticarlo. Posiblemente, tú también encuentres esa acción muy desagradable. No obstante, es mucho más desagradable lo que hace el ser humano, que aunque posee una inteligencia superior a la de los animales, muchas veces decide rumiar las amarguras de un pasado que ya no es posible revivir ni volver a recorrer. Cada vez que recordamos una situación dolorosa y la volvemos a describir con lujo de detalles, lo que hacemos es volver a masticar lo que ya estaba en el estómago, lo que provoca que todo su ser sea contaminado una y otra vez por el rencor. Desde ese escenario de resentimiento es que el rumiador siente, habla y toma decisiones. ¿Crees que ese es el mejor escenario para decidir el rumbo de tu vida y el de tu familia?

La persona amargada no está capacitada para tomar buenas decisiones en muchísimas áreas de su vida porque todo lo interpreta desde su cárcel de amargura. Por esta razón, pierde su creatividad y su visión de optimismo. Está incapacitada para visualizar posibles soluciones para las situaciones que se le presentan en la vida porque no ha podido ver alternativas ni para su propio problema. Si en los centros comerciales hubiera privilegio de estacionamiento para este tipo de incapacidad, estoy segura de que no habría espacios suficientes.

Fred Luskin, un reconocido psicólogo, autor del libro *¡Perdonar es sanar!*, nos explica que los rencores nacen en el corazón cuando coinciden estos dos elementos: sucede algo en nuestra vida que no queríamos que sucediera o, por el contrario, no sucede algo que hubiéramos querido que sucediera, y pensamos demasiado en lo ocurrido. Él comenta que pensar excesivamente en el problema o en la ofensa que se ha sufrido es como alquilarle espacio para que viva en nuestra cabeza.[2] De acuerdo a esta explicación, podemos concluir que las heridas mueren cuando las dejamos sin aliento, cuando decidimos dejar de rumiarlas y las echamos de nuestra mente. Pero, para lograrlo, es imprescindible sustituir esos pensamientos negativos por pensamientos de bien.

En su libro *Desarrolle su cerebro, La ciencia para cambiar la mente*, el doctor en quiropráctica y experto en neurociencia, Joe Dispenza, nos explica que los pensamientos producen reacciones bioquímicas en el cerebro que este, a su vez, envía al cuerpo. Esas señales bioquímicas que produce el cerebro y pasan luego al cuerpo, se convierten en los mensajeros que llevan la señal del cerebro al cuerpo y de este al cerebro.[3] Si nos fijamos con detenimiento en ese proceso, podemos dibujar un círculo que se inicia con un pensamiento, que da paso a un sentimiento, al que le sigue una acción, que finalmente genera otro pensamiento. Quiere decir que cada pensamiento produce un químico que corresponde a cada sentimiento o sensación de nuestro cuerpo. Si los pensamientos son alegres y positivos, el cerebro elaborará químicos que harán que nos sintamos alegres, actuemos alegremente y cuando la señal viaja de regreso al cerebro comenzará nuevamente el ciclo, generando pensamientos positivos. Mientras tanto, si los pensamientos son de odio o de enojo, el cerebro producirá químicos que corresponderán a estos y provocarán, igualmente, sentimientos de odio y enojo, que producirán acciones de coraje y continuarán de regreso al cerebro generando pensamientos negativos. Esto ocurre porque el cuerpo le responde al cerebro con la misma calidad de las reacciones que recibe de él. Quiere decir que somos nosotras las que tenemos la responsabilidad de decidir cuál es la calidad del reciclaje de «pensamientos-sentimientos-acciones-pensamientos» que queremos tener en nuestra vida. Toda esta explicación sobre el funcionamiento del cerebro, tiene el único propósito de que puedas comprender lo que dice Dispenza: «los pensamientos se convierten en materia».[4] Dios nos dice en su Palabra que así como la persona piensa, es su vida y su comportamiento:

> Porque cual es su pensamiento en su corazón, tal es él . . .
>
> —Proverbios 23.7 (RVR1960)

Significa que los pensamientos de amor, consideración, perdón, apoyo y compasión se convierten en sentimientos de amor, consideración, perdón y compasión, que a su vez se convertirán en acciones de amor, consideración, perdón, apoyo y compasión. Así también, los pensamientos de odio, desconsideración, rencor y falta de compasión se convierten en sentimientos y acciones de odio, desconsideración, rencor y falta de compasión, porque el cerebro y el cuerpo se alimentan mutuamente y reciclan las emociones.

Dios, en su sabiduría, nos ordena en su Palabra que nos liberemos del sufrimiento, la ira, la violencia verbal, la difamación y de toda actitud de maldad, y nos dice que en lugar de hacer lo malo, amemos y perdonemos, así como Él, a través de Jesucristo, nos ha perdonado nuestros pecados y nuestra mala manera de vivir:

> Líbrense de toda amargura, furia, enojo, palabras ásperas, calumnias y toda clase de mala

conducta. Por el contrario, sean amables unos con otros, sean de buen corazón, y perdónense unos a otros, tal como Dios los ha perdonado a ustedes por medio de Cristo.

—Efesios 4.31–32

Fíjate que Dios no nos dice que perdonemos si queremos, si lo sentimos, ni si la persona se lo merece. Él nos da una orden: «Líbrense, perdónense». Lo hace así porque el perdón es una decisión y todas esas bajas pasiones te mantienen esclavizada al dolor. No podemos esperar hasta que sintamos perdonar a quien nos ha hecho daño, porque si fuera así, casi nadie podría perdonar. ¿Quién quiere perdonar a quien le violó, a quien abusó sexualmente de un hijo, a quien le rechazó, a quién asesinó a su ser querido? La respuesta natural del cuerpo es protegerse, amar a quien le ama, bendecir a quien lo bendice y detestar a quien le hace daño. Es necesario agregar también otro agravante y es que muchos padres, de forma inconsciente, desde pequeños les enseñan a sus hijos a seguir la llamada «ley del talión» (ojo por ojo, diente por diente). He escuchado a padres que les dicen a sus hijos: «Si algún muchacho te da en la escuela, dale tú también. No te quedes como un bobo, date a respetar. Si vienes con un golpe, te voy a dar otro encima». Sin embargo, Dios nos manda a ir en contra de lo que nos pide el cuerpo, el impulso y nos dirige a favor de lo que Él nos manda: amar y perdonar.

Los que están dominados por la naturaleza pecaminosa piensan en cosas pecaminosas, pero los que son controlados por el Espíritu Santo piensan en las cosas que agradan al Espíritu. Por lo tanto, permitir que la naturaleza pecaminosa les controle la mente lleva a la muerte. Pero permitir que el Espíritu les controle la mente lleva a la vida y a la paz. Pues la naturaleza pecaminosa es enemiga de Dios siempre.

—Romanos 8.5–7

Fíjate como la Biblia hace hincapié en la importancia de los pensamientos. Los que están dominados por lo malo es porque piensan en cosas malas, pero los que están dominados por el Espíritu Santo de Dios, piensan en cosas buenas, agradables y edificantes.

En nuestra vida hay una lucha entre lo que impulsa al cuerpo y lo que mueve al espíritu, por eso es tan importante cultivar la espiritualidad. Cuando nuestro espíritu recibe el alimento del Dios Padre, se nutre y está menos expuesto a activarse para hacer lo malo, porque está llenando su pensamiento de las ideas de quien nos creó y le está enviando el mensaje al cuerpo para que obedezca las directrices de quien tiene constantemente el anhelo de que vivamos felices. La Palabra de Dios es nuestro alimento espiritual, por eso cuando Jesús fue tentado en el desierto y Satanás le ofreció riquezas y poder a cambio de que Él le adorara, Jesús se negó a hacerlo y le contestó con firmeza citándole lo que decía la Palabra:

En ese tiempo, el diablo se le acercó y le dijo: —Si eres el Hijo de Dios, di a estas piedras que se conviertan en pan. Pero Jesús le dijo: —¡No! Las Escrituras dicen: «La gente no vive sólo de pan, sino de cada palabra que sale de la boca de Dios».

—Mateo 4.3-4

Jesucristo demostró que era un hombre de carácter. No insultó a Satanás, pero le habló claro y con argumentos irrefutables: la gente no vive solo de lo material, sino practicando las enseñanzas que salen de la boca de Dios y que Él nos transmite en la Biblia, porque su Palabra es para siempre y es la que nos da la verdadera vida. Si las mujeres asumieran esa actitud de Jesús, ¿cuántas lágrimas, sufrimientos, depresiones y culpas se evitarían? Si ellas mostraran esa seguridad con la que Jesús le respondió a Satanás, habría que ver cómo se conducirían muchos de los hombres que actúan con tanta irresponsabilidad en el hogar. Pero, desgraciadamente, son innumerables las mujeres que no han desarrollado carácter y dicen sí cuando quieren decir no, demuestran inseguridad, exhiben una actitud ambivalente, con poca o ninguna convicción; mientras los hombres con su conducta irresponsable hacen y deshacen con las vidas de sus esposas porque perciben que por más que ellas vociferen y peleen, no tienen el carácter para lograr lo que quieren.

Esas palabras de sabiduría de Jesús —quien fue perfecto porque siempre hizo la voluntad de su Padre— deben ser nuestro modelo a seguir para que nuestra vida sea fructífera. Mientras más lo seguimos, más nos acercamos a la excelencia y mejor relación tenemos con Dios, con nosotras mismas y con los demás. Dice el pasaje bíblico que después de que Satanás insistió tanto en tentar a Jesús sin tener éxito, Jesús le dijo que se fuera de allí. El diablo se fue y en ese momento precioso llegaron ángeles para cuidar a Jesús. Si confiamos en Dios y resistimos la tentación por medio de la Palabra, Dios no nos va a faltar y enviará a los ángeles a que nos cuiden y nos sostengan. ¡Mis amigas queridas, no estamos solas! Él tiene especial cuidado de nosotras y envía a sus ángeles a cuidarnos. No sucumbas a la tentación de odiar a quien te ha herido. Para vivir a plenitud es imprescindible que rompas el ciclo del odio y la venganza y comiences el ciclo que Dios te propone: el amor, el perdón y la obediencia a Él.

CAPÍTULO 4

Lo que pasó, pasó . . .

Ahora soy una mujer consciente

Querida amiga, una de las herramientas más importantes para lograr liberarse del pasado es ser consciente del valor de la vida y de nuestros actos. Vivir en estado de *conciencia* significa que sientes, piensas y obras con conocimiento de tus actos y de su repercusión.[1] Esto implica que no vives por impulso sino que meditas y evalúas tus acciones y el alcance que tendrán sobre ti, tu familia y los que te rodean ahora, mañana y con el pasar de los años. Actuar con conciencia parece una actitud lógica y de sentido común, pero, aunque parezca irónico, el sentido común es lo que menos encontramos en las decisiones y acciones que la gente toma a diario.

Recuerdo a una mujer joven, talentosa, inteligente y discreta que vino hace algunos años a pedirme ayuda en consejería. Ella se había divorciado y estaba criando a sus dos hijos sola cuando conoció a un hombre veinticinco años mayor que ella y se enamoró perdidamente de él. Como imaginarán, la muchacha se ilusionó muchísimo. Él le bajó la luna y las estrellas, le prometió recoger toda la felicidad que había en el mundo para entregársela, y ella, impresionada por todas aquellas promesas de campaña de enamoramiento, se casó con él. Los primeros dos años de matrimonio, en los que brilló el romance y la pasión, todo parecía un cuento de hadas. Procrearon un bebé precioso y todo el panorama se veía color de rosa hasta que aparecieron los nubarrones de los conflictos que les trajeron una inesperada enfermedad y los problemas económicos con los que tuvieron que lidiar en ese tiempo. Ninguno de los dos estaba preparado para enfrentar situaciones adversas, así que se dedicaron a pelearse entre sí, a culparse el uno al otro por los problemas, a pelear por los hijos que ambos tenían de matrimonios anteriores y, en poco tiempo, aquella mujer ya era terreno fértil para escuchar las «dulces mentiras» que dicen muchísimos hombres con tal de conseguir a una amante que le satisfaga sus más bajos instintos sexuales y su necesidad de sentirse conquistadores. Fue así como apareció la infidelidad y la desgracia en la vida de ella. Con gran sutileza, y sobrada astucia, un compañero de trabajo la invitó a una supuesta cena de negocios y ella accedió. Al día siguiente la llamó por teléfono a su casa con otra excusa razonable y ya al tercer día se había olvidado de los asuntos de la oficina, la invitó a salir sin ningún propósito oficial y terminó con ella en la cama de un motel. Aquella primera cita de negocios a la que la joven mujer se presentó inconsciente del doble plan que el hombre quería lograr, le trajo tantas consecuencias negativas de carácter emocional, espiritual y físico, que le costó el divorcio y casi le cuesta el empleo y la vida.

Una acción inconsciente desencadenó una serie de consecuencias que casi destruyen, literalmente, a esta mujer. Sólo el amor y el perdón de Dios la sostuvieron durante ese periodo tan agobiante, porque hasta su familia le dio la espalda por su infidelidad. Ella misma no se perdonaba el haber llegado tan lejos con aquel hombre, porque jamás pensó que se vería atrapada en una situación como esa. Me decía que se sentía sucia aunque se hubiera bañado muchas veces. Fueron terribles los momentos de angustia y dolor que pasó esta joven mujer por su falta de conciencia. Se necesitaron muchísimas horas de consejería y orientación espiritual para que ella comprendiera que hay un Dios que nos perdona y nos enseña a perdonar, tanto a quienes nos ofenden como a nosotras mismas. Esa conciencia es la que nos da el poder para lograr levantarnos de nuestros errores y comenzar a caminar hacia el frente con acciones conscientes, con convicciones muy arraigadas en nuestro espíritu y habiendo aprendido todas las lecciones que nos dan las experiencias tristes y dolorosas de la vida.

Ante situaciones como estas, hay mujeres que se deprimen, otras se rebelan y quieren vivir la «vida loca». Algunas, al verse abandonadas por el esposo, se enamoran inmediatamente del primer hombre que les pasa por delante y son menos las que se enfocan en fortalecer su vida espiritual. Lamentablemente, muy pocas mujeres evalúan de forma consciente qué errores cometieron en esa relación que fracasó, qué factores contribuyeron para que se quedaran atrapadas en la infidelidad ni qué deben hacer para salir hacia adelante y poder recobrar las fuerzas y los deseos de luchar.

Harold MacMillan, exprimer ministro británico dijo en una ocasión: «Deberíamos usar el pasado como trampolín y no como sofá».[2] ¡Qué palabras tan sabias y tan dignas de que sean atesoradas en nuestros corazones! ¡Qué imagen de acción frente a los problemas! Debemos utilizar las experiencias pasadas no para acostarnos en el sofá de la depresión y permanecer inertes o muertas en vida sobre él, sino como un trampolín para saltar más alto cada día ante los retos y las pruebas que se nos presentan en la vida. Las dificultades son como el ejercicio para el cuerpo, nos van fortaleciendo en la medida que vamos superando retos, y nos mantienen en forma para que logremos saltar sobre los obstáculos que aparecen sorpresivamente en nuestro caminar diario. El hecho de afrontar conscientemente los problemas nos permite acumular experiencia y es así como desarrollamos y robustecemos nuestro carácter. En ese proceso de aceptar lo que nos ocurrió, renovamos nuestra relación con Dios, maduramos emocionalmente y tras superar una situación conflictiva, vemos la vida desde otro ángulo. ¡Qué extraordinario que en lugar de ver el pasado como si fuera un angustioso atolladero, lo uses como un trampolín desde el cual te impulses para saltar a un presente y a un futuro esperanzador!

No importa la circunstancia que hayas vivido ni cuán decepcionada estés, lo que hará la diferencia siempre en tu vida es la paz y el amor que Dios nos da en medio de cualquier situación. Cree en sus promesas divinas y te sentirás siempre segura y confiada en todo lo que emprendas. Sigue las instrucciones que el Señor nos dejó en su Palabra y verás los beneficios que nos cobijan a todos los que creemos en Él.

> Confía en el Señor y haz el bien; entonces vivirás seguro en la tierra y prosperarás. Deléitate en el Señor, y él te concederá los deseos de tu corazón. Entrega al Señor todo lo que haces; confía en él, y él te ayudará. Él hará resplandecer tu inocencia como el amanecer, y la justicia de tu causa brillará como el sol de mediodía. Quédate quieto en la presencia del Señor, y espera con paciencia a que él actúe.
>
> —Salmo 37:3-7

La ansiedad es uno de los trastornos más severos que están afectando a muchas mujeres en este tiempo. Es una condición emocional en que la mujer se siente angustiada y con mucho temor frente a los diferentes desafíos que debe confrontar día tras día en su vida. Ese estado de desasosiego constante le llega a afectar no solo su salud emocional sino también su salud física. No obstante, el pasaje bíblico citado nos da la mejor receta para combatir los males de este siglo, la ansiedad y la depresión: Confiar, hacer el bien, deleitarse en la presencia de Dios, entregarse totalmente al Señor, quedarse tranquila y esperar con paciencia. El antídoto mejor contra la ansiedad y la depresión es cultivar tu vida espiritual, y hacer tuyas las promesas que la Biblia hace a todos los que buscan de veras a Dios. Por eso, si quieres vivir feliz practica la obediencia a la voluntad de nuestro Padre, expresada en su Palabra, porque la felicidad y la moral van siempre de la mano. Cuando actúas conforme al mandato divino, te sientes bien; mas cuando violas los principios señalados por nuestro Creador, te sientes culpable, intranquila y ansiosa.

Amiga, querida, Dios quiere que tú confíes en Él y eso no es una mera palabra, implica una acción real: esperar con seguridad y creer firmemente que Dios está contigo siempre. Eso significa que en los momentos de dificultad debemos hacer lo que humanamente nos corresponda, pero lo que no esté en nuestras manos resolver, debemos tener la seguridad y la confianza de que Dios será quien obre para resolverlo, porque Él es fiel a sus promesas. Esto requiere fuertes dosis de paciencia y mantenernos conscientes y seguras de que, aunque no sepamos cómo resolverá nuestras dificultades, a su tiempo y a su manera Él sí lo hará.

En lugar de dejarte arrastrar por la ansiedad y la desesperación, cuando se te presente una prueba, practica la paciencia mientras esperas su protección y su ayuda. Él siempre está y estará atento a tus necesidades, y concederá las peticiones de tu corazón. Cuando somos conscientes de estas grandes verdades, aprendemos a sacar lo positivo de las experiencias negativas y a liberarnos de la amargura del pasado. Ser conscientes es darnos cuenta de que los años pasan, nuestra vida se acaba y no hay tiempo para perder dándole atención a lo que ya no podemos cambiar. ¡Decídete hoy a ser feliz porque *lo que pasó, pasó*!

CAPÍTULO 5

Lo que pasó, pasó . . .

Ahora comprendo que yo también me equivoco

Mi nieta Patricia tiene siete años y demás está decirles que es bella. Desde que era muy pequeñita, mi hija le enseñó la alegría de ser mujer, de tal manera que ella disfruta del baño, de perfumarse, de tener sus uñas limpias y arregladas, así como de vestirse con ropa que esté bien combinada. Un día, cuando apenas tenía tres años, estaba dándose los últimos toques de coquetería después de bañarse y tomó en sus manos uno de mis perfumes, cuya tapa era una bellísima mariposa en cristal. Al verla le dije: «Cuidado, mamita, que esa tapita es bella, me encanta, y si no la aguantas bien se te puede caer y romperse». Se lo dije con dulzura, porque creo firmemente que los niños deben ser tratados con respeto. Al momento de alertarles sobre algún peligro, se les debe llamar la atención con prudencia y, sobre todo, con profundo amor. Después de Patricia perfumarse, le tocó a su abuelita el turno de hacer lo mismo. En el preciso momento en que tomé en mis manos el frasco violeta de perfume, la mariposa voló directo hacia el suelo y, trágicamente, perdió sus alas para siempre porque se partieron en tantos pedacitos que nadie hubiera podido pegarlas ni en este mundo ni en el venidero. Mi nieta se quedó perpleja ante la tragedia, pero rápidamente, sin perder tiempo, me miró con sus ojos pícaros y, cándidamente, con una amplia sonrisa, me comentó: «Tú me dijiste que no rompiera la mariposita y tú la rompiste». Hoy día, Patricia todavía me recuerda el incidente entre risas: «Te acuerdas cuando me dijiste que tuviera cuidado con la mariposita de cristal y fuiste tú quien la rompió». Cada vez que se acuerda, me hace la historia completa con lujo de detalles como queriéndome decir: «Tú también te equivocas». Ella tiene toda la razón, yo también me equivoco y todas nos equivocamos muchas veces en la vida.

Este incidente parece insignificante, pero no lo es. Hay hogares en los que cualquier situación como esta desata la discordia y la violencia. ¿Cuántos niños son golpeados por su papá o su mamá porque se les cayó un objeto valioso de sus frágiles manos? El hecho de equivocarnos no nos descalifica de la vida. Debemos aprender y enseñar a otros que el mundo no se acaba cuando nos equivocamos; se «acaba» cuando nos rendimos ante la adversidad o el error que cometemos. Termina cuando la desesperanza nos inunda y creemos que la vida ya jamás será igual.

¡Cuántas veces por estar pendientes de ver los errores que cometen otros, perdemos de vista nuestras debilidades! ¡Qué claros se ven los errores en las personas que vemos de frente, pero qué poca visión tenemos para ver los defectos que están en nuestro interior, pero que resultan muy palpables a su vez, para quienes nos ven de frente! Cuando nos hemos equivocado y hemos sentido el dolor de haber ofendido o herido a alguien a quien amamos mucho, ¿nos gusta que nos perdonen o que nos saquen en cara la ofensa que hemos cometido? Por lo menos, a mí me da un descanso precioso el sentirme perdonada cuando me he equivocado, así que yo quiero que los demás también disfruten esa tranquilidad. En mis conferencias siempre le recomiendo a la gente que comparen la actitud que asumen frente a los errores que cometen ellos mismos, con la que adoptan cuando son otros los que se equivocan. La respuesta es un silencio profundo, que rompo cuando yo misma les doy la verdadera contestación que ellos ya escuchan en su corazón, pero que no tienen la valentía de verbalizar. Si eres tú quien ofendes a otra persona, te justificas diciendo: «Esa no fue mi intención, es que yo soy humano, todos nos equivocamos, no somos perfectos». Si es otro quien te ofende, no paras de repetir: «Ya no se puede confiar en nadie, qué mucha maldad tiene la gente en el corazón, no vale la pena ser bueno ni amable».

No puedo dejar de mencionar a las mujeres que, cuando se equivocan, son implacables con ellas mismas. Este tipo de conducta se desata inconscientemente porque durante su desarrollo —con toda probabilidad en la niñez o en la adolescencia— alguien significativo fue intolerante con ellas cuando se equivocaban. Hace muchos años cuando yo trabajaba en el magisterio, tuve una compañera maestra que era inflexible con las estudiantes y no les perdonaba un solo error. Sus estudiantes pasaban muchos momentos de estrés en sus clases. Un día le pregunté el porqué de su inflexibilidad, que ella confundía con excelencia, y me narró su historia. Su papá y su mamá eran tan perfeccionistas que en una ocasión cuando cursaba el segundo grado, por un error que ella cometió en su libreta, su mamá la obligó a pasar la libreta completa. Así que ella exigía a sus estudiantes la misma perfección que le exigieron a ella. Por eso, en su salón de clases, no había ninguna justificación para equivocarse. Fue muy difícil llenar las expectativas de aquella mujer que ya tenía sesenta años. Con sus actitudes tan inflexibles había anulado su relación, no solo con sus alumnos, sino también con sus compañeros de trabajo. Esa experiencia marcó su vida para siempre y le impidió mantener una relación de amor saludable con la gente que le rodeaba, porque ella pensaba que sus padres le habían dado una lección extraordinaria de disciplina. El hecho de no haber identificado aquella experiencia como lo que realmente fue, una lección de inflexibilidad, privó a esa maestra de aprender nuevas formas de vida, más compasivas, que sustituyeran las que le enseñaron incorrectamente.

Debemos recordar siempre que el cerebro tiene la capacidad de aprender y desaprender. Pero para que aprendamos nuevas formas de vida es imperativo que adoptemos nuevos patrones de pensamiento. Por tal razón es necesario analizar concienzudamente nuestra manera de pensar, vivir, sentir, y de actuar, para poder identificar qué conflictos tenemos arraigados en nuestra mente que quizás aún no estamos conscientes de ellos. Estos asuntos sin resolver son los que nos privan de vivir libres de resentimientos, rencores y toda clase de recuerdos dolorosos que envuelven nuestra mente y nuestro corazón como si fuera una momia y nos impiden experimentar el amor y la gracia de Dios. Ambos elementos son los que permiten que veamos a los demás como criaturas valiosas y que los tratemos tal y como Dios nos trata a nosotras: con amor, gracia y misericordia.

La actitud correcta que siempre debería asumir esa maestra, así como todas nosotras en cualquier escenario que estemos, es ver a nuestro prójimo y amarlo como nos vemos y nos amamos a nosotras mismas. Pero para amarnos a nosotras mismas y al prójimo es imprescindible amar primero a Dios y saberse amada por Él. Es vital que podamos reconocer que Dios es nuestro Creador; que dio a su único hijo, Jesucristo, para que muriera en la cruz para salvarnos de la condenación, y que nos dejó al Espíritu Santo, que es nuestro Consolador. Cuando desarrollamos una relación personal con Dios nos contagiamos con su amor, se abren nuestros ojos espirituales y aprendemos a reconocer nuestro valor incalculable como hijas de Él. Y es precisamente este reconocimiento de nuestra herencia espiritual lo que nos permite apreciar el valor de nuestro prójimo. Cuando los fariseos le preguntaron a Jesús cuál era el mandamiento más importante, Él les dijo que se podían resumir en dos:

> —Maestro, ¿cuál es el mandamiento más importante en la ley de Moisés? Jesús contestó: —«Amarás al Señor tu Dios con todo tu corazón, con toda tu alma y con toda tu mente». Éste es el primer mandamiento y el más importante. Hay un segundo mandamiento que es igualmente importante: «Amarás a tu prójimo como a ti mismo».
>
> —Mateo 22.36–39

Es importante reconocer que las necesidades de amor, aceptación y perdón, son comunes a todas las personas. Así como yo las necesito, otros también las anhelan y las necesitan para tener paz y tranquilidad. Dios nos manda a todos a no juzgar ni a condenar a los demás para que no seamos juzgados ni condenados. Aprendamos a perdonar a otros para que seamos perdonados por nuestro Dios y por quienes nosotras hayamos ofendido. De acuerdo a como seamos con otros, eso mismo recibiremos.

No juzguen a los demás, y no serán juzgados. No condenen a otros, para que no se vuelva

> en su contra. Perdonen a otros, y ustedes serán perdonados. Den, y recibirán. Lo que den a otros les será devuelto por completo: apretado, sacudido para que haya lugar para más, desbordante y derramado sobre el regazo. La cantidad que den determinará la cantidad que recibirán a cambio.
>
> —Lucas 6.37–38

Jesús nos revela un mensaje sencillo de entender, pero profundo en las repercusiones que tiene para nuestra vida: todo lo que el hombre siembra, eso mismo cosechará. De igual forma pasa con nosotras: si nuestra medida de perdón para los demás es tan abundante que se desborda, recibiremos a cambio la misma acción. Según nosotras perdonamos a otras personas, Dios también derrama su perdón infinito sobre nuestras vidas y nos libera del sentimiento de vergüenza y dolor producido por nuestras ofensas. La medida apretada de la que habla el versículo 38 del evangelio de Lucas se refiere a que mientras se está vertiendo el producto en el recipiente, la persona lo va acomodando y apretando para que quepa la mayor cantidad posible. El hecho de que la medida sea «apretada y rebosante» parece una contradicción, pero no lo es. Mientras más compactado esté el producto, más cantidad habrá en el recipiente que se está envasando. Dios nos exhorta a dar en abundancia y por eso nos habla de la «medida apretada» que rebosa. Esa medida que llena tanto el recipiente que se sale por encima de los bordes hacia afuera. Asimismo, la capacidad de perdón que Dios nos pide es ilimitada e incondicional. Y nos asegura en su Palabra que aquello que les demos a los demás será lo que recibiremos de vuelta.

De la misma manera en que ocurre con el ejemplo de la medida que les acabo de explicar, conviene que recordemos siempre que con la misma vara que medimos a otros, nos medirán a nosotras. Hagamos nuestra esta regla de oro y practiquemos con los demás todo lo que queremos que hagan con nosotras. En lugar de rencor, odio y amargura, sembremos amor, perdón, misericordia y paz, porque a fin de cuentas la calidad de nuestra siembra, determinará nuestra cosecha.

Utilicemos a los demás como un espejo en el que nos miramos todos los días, y en lugar de estar señalando y enjuiciando, veamos las consecuencias que sufren los demás por sus actos. Pongámonos en su lugar para que veamos cuán feas —emocional y espiritualmente hablando— nos veríamos si actuáramos de esa misma forma y cómo nos gustaría que nos corrigieran cuando nos equivocamos. El uso del espejo nos deja ver nuestra fragilidad y sobre todo, nos muestra el parecido que tenemos con los demás. Reconocer que todos somos iguales nos permite liberarnos de nuestros juicios y abrirnos al amor, el perdón y la compasión.

Dejemos de vivir rabiando contra nosotras mismas, contra Dios y contra el mundo y aprendamos a amar a Dios, a nuestra propia persona, y a toda la humanidad. El amor nos hace vencer, tener misericordia y compasión de quienes se equivocan, incluyéndonos a nosotras mismas. De esta manera aprendemos a levantarnos de las caídas, a curarnos las heridas y a continuar nuestro caminar por la vida sintiéndonos perdonadas y perdonando a los demás. Solo así podemos decir con sinceridad: «Lo que pasó, pasó. Procuraré no cometer nuevamente el mismo error».

CAPÍTULO 6

Lo que pasó, pasó . . .

Ahora me libero del exceso de carga emocional

Las emociones son parte importante de nuestro ser y marcan una gran diferencia en nuestra manera de vivir cuando tenemos control sobre ellas. Sin embargo, también nos pueden destruir si permitimos que sean las que nos gobiernen cuando actuamos impulsivamente. De acuerdo al Diccionario de la Real Academia Española, las emociones son «una alteración del ánimo intensa y pasajera, agradable o penosa».[1] Fíjate que según esta definición, las emociones nos alteran intensamente, pero de forma pasajera. No podemos dejarnos dirigir por ellas porque no son estables. Si le das rienda suelta a esa alteración intensa del ánimo, que son las emociones, y además, le permites al impulso que las convierta en acción, tomarás decisiones desacertadas y cometerás errores de los que te arrepentirás en muy poco tiempo, porque el impulso nunca ha sido un buen consejero. El impulso es precisamente, «el deseo o motivo afectivo que induce a una persona a hacer algo sin reflexionar».[2] Por impulso, hay mujeres que matan a sus esposos, otras se enamoran de hombres casados y hay quienes hasta abandonan a su esposo y a sus hijos. Por impulso, muchísimas personas comen sin medida porque esa fuerza irreflexiva no mide consecuencias ni pide permiso ni piensa en principios ni considera absolutamente nada, solo actúa. ¡Imagínate cómo vivirías si actuaras guiada por lo que sientes momentáneamente, movida por las emociones, sin detenerte a pensar, motivada por el impulso! La vida se convierte en una zona de desastre cuando vives actuando sin reflexionar y cuando crees que no tienes oportunidad para hacer cambios ni para convertir tus errores en experiencias de crecimiento.

Todo es muy diferente cuando nuestras emociones son gobernadas por nuestros principios y valores, porque en ese caso, estas alteraciones del ánimo se convierten en acciones de bien para nuestras vidas y para quienes nos rodean. Por el contrario, cuando permitimos que nuestras emociones sean dirigidas por sentimientos que se han nutrido de pensamientos equivocados producidos como resultado de malas experiencias pasadas, entonces nos metemos en graves problemas. Esto ocurre porque tomamos decisiones motivadas por el impulso de una emoción momentánea que, al partir desde la desesperación, nos hace ver una realidad distorsionada. Es necesario detenernos, respirar profundamente y orar pidiéndole a Dios sabiduría. Nuestro Padre celestial ve más allá de donde nosotras vemos, porque conoce nuestro pasado, nuestro presente y nuestro futuro. Lo mejor de todo es que Él sabe lo que más nos conviene. Finalmente, después de haber reflexionado y haber soltado toda la carga emocional, podremos tomar una decisión bien pensada.

¿Cuántas de ustedes vienen de hogares en los que se actuaba impulsivamente? La mayoría de las mujeres que recibo en mi oficina provienen de hogares en los que se gritaba en lugar de hablar, se abofeteaba en lugar de corregir, se juzgaba en lugar de perdonar, se odiaba en lugar de amar, se complicaba el problema en lugar de pensar en soluciones. Mientras escribo también me pregunto cuántas de ustedes tienen esos dolorosos recuerdos muy frescos en su memoria. Tal vez piensas en ellos como si hubieran acabado de ocurrir, y hoy anhelas un abrazo, un beso, un diálogo, una explicación. Sin embargo, no sabes cómo lograrlo ni cómo implementar en tu hogar todo lo necesario para crear una atmósfera de amor y de comprensión en la que se pueda diferir sin dejar de amarse.

Mi amiga querida, conviene que te preguntes a ti misma cómo aprendiste a manejar las situaciones adversas de traición, desamor o rechazo en tu hogar. ¿Se culpaban unos a otros cuando algo salía mal? ¿Rompían cosas cuando tenían coraje? ¿Se insultaban, gritaban, se decían malas palabras?

¿Estaban varios días sin hablarse? ¿Se guardaban rencor unos a los otros y frecuentemente se volvían a insultar cada vez que recordaban ofensas pasadas? ¿El pasado era eterno o le daban paso al perdón y a las nuevas experiencias? En las contestaciones a estas preguntas está trazada la manera en que aprendiste a enfrentar las diferentes experiencias. Te puedo afirmar, por los cientos de personas a quienes he escuchado en consejería de familia, que el coraje, los insultos, el rencor y los gritos son la realidad que viven diariamente muchas familias y es ese el triste legado que le dejarán a sus hijos, quienes, a su vez, lo transmitirán a sus futuras familias cuando lleguen a la adultez. Pero esto no tiene que ser así en tu vida. Si descubres que estás practicando los patrones de conducta negativos que aprendiste en tu hogar de origen, abre tus ojos a la vida y sé consciente de que «lo que pasó, pasó». Cada vez que aparezca un pensamiento negativo en tu mente, repite con convicción: «¡Lo que pasó, pasó! Me libero de toda la carga emocional que aprendí a adjudicarle a las malas experiencias y asumo el control de mis acciones».

¿Por qué aferrarte a aquello que te provoca tristeza y no te aporta nada edificante para tu desarrollo personal ni familiar? Es mejor aprender a evaluar cada situación que te toque vivir en determinados momentos a la luz del amor, el perdón y la compasión, sin la carga emocional negativa que muchas personas acostumbran aplicarle cuando se genera un conflicto. Esas cargas emocionales ciegan el entendimiento, no te permiten analizar, con prudencia, ninguna situación y tampoco te ayudan a aprender de las experiencias difíciles.

Es necesario practicar el dominio de nuestras emociones aún en medio de las circunstancias más adversas. Desde el momento en que permitimos que nuestras conversaciones, decisiones y acciones sean influenciadas por una fuerte carga emocional, la razón se nubla. Por ende, las palabras que pronunciemos y las decisiones que tomemos en ese estado, carecerán de la objetividad y la sabiduría necesarias para vivir dignamente. Cuando dejamos que las emociones reinen en nuestra existencia, vivimos actuando impulsivamente y eso nos lleva a que estemos arrepintiéndonos una y otra vez de los pasos que damos, porque las emociones son variables. Esto ocasiona que nos mantengamos siempre viviendo en el pasado, recordando lo que dijimos que no debimos haber dicho; lo que nos dijeron que nos ofendió y, finalmente, nos quedamos pensando siempre en lo que pasó sin apreciar las bendiciones que Dios tiene para nosotros ahora.

Si no tenemos control sobre las emociones, podemos ir de la tristeza a la alegría, del sosiego al coraje, o de la felicidad a la infelicidad en un abrir y cerrar de ojos, y a veces hasta sin darnos cuenta. No obstante, si desarrollamos carácter, tendremos dominio propio y ya las circunstancias no nos gobernarán. Es vital comprender que todas las personas poseemos la capacidad de evaluar las situaciones positivas y negativas que se nos presentan en la vida, para así poder tomar buenas decisiones basadas en análisis de hechos. Cuando nos habituamos a pensar antes de actuar y consideramos las posibles consecuencias de todo aquello que podamos decir o hacer, antes de tomar decisiones y de actuar, nos liberamos del peligroso ciclo de emociones variables, acciones impulsivas y arrepentimiento.

Para lograr ser dueños de nuestras emociones y ejercer la voluntad, responsablemente, es necesario forjar un carácter firme. El Diccionario de la Real Academia Española define la palabra *carácter* como «una señal o marca que se imprime, pinta o esculpe en algo».[3] De acuerdo con esa definición, puedo concluir que el carácter es la señal o la marca que la familia de origen va esculpiendo en la vida de sus integrantes, sumada a las otras experiencias que la persona vivirá fuera del hogar. Es innegable que la influencia de la familia es la más fuerte y determinante, por eso a las personas se les hace tan difícil cambiar viejos hábitos integrados en su ser, aunque les provoquen dolor o problemas. Desde que una persona nace, el contacto diario con sus padres y demás familiares o figuras de autoridad va moldeando sus hábitos, sus maneras de ver la vida, su forma de resolver los problemas, su estilo de vestir, el concepto que tiene de Dios y la relación que establece con Él, así como el método que utiliza para manejar el coraje. En fin, el modelaje y la interacción con los miembros de nuestra familia, especialmente las actitudes de papá, mamá, nuestros abuelos, así como las de otros familiares cercanos definen lo que somos, aquello que nos distingue de los demás. Cuando en ese hogar, los padres le han enseñado a los hijos a aceptarse a sí mismos, a valorarse, a amarse unos a otros y a respetarse, porque reconocen su dignidad como hijos de Dios, marcan positivamente a sus hijos con un carácter firme. Pero cuando los hijos se desarrollan en un ambiente hostil, en el que son criticados continuamente, se crían inseguros porque no se sienten aceptados ni amados ni valorados. Ese bombardeo negativo no sólo les marcará con un carácter débil, también en muchas ocasiones esos hijos manifestarán su inseguridad y su tremenda necesidad de amor, con gritos y hostilidad, no sólo en su hogar de origen sino que lo cargarán con ellos por toda su vida, a no ser que decidan exponerse a nuevas formas de aprendizaje.

Yo no sé cómo fue tu hogar de origen, pero la buena noticia es que todos los patrones de conducta son aprendidos y, según se adquirieron, se pueden desaprender. Me fascina conocer esta verdad pues me permite mantenerme consciente de que no tengo que cargar con mis debilidades hasta que llegue el momento de la muerte, sino que puedo ser libre desde el instante en que decido que no tiene sentido seguir repitiendo aquellas conductas que me están haciendo daño.

En este momento, anhelo con todo mi corazón que desarrolles el carácter firme o fortalezcas todavía más el que ya posees, porque siempre hay espacio para aprender y acercarnos cada día más al carácter que Dios mismo anhela que tengamos para alcanzar el propósito con el que Él nos creó. Para desarrollar ese carácter, necesitamos observar y emular el modelo por excelencia, Jesucristo. Él reúne todas las cualidades: fue absolutamente fiel a los mandatos de su Padre Dios; fiel a sus convicciones y fiel al propósito que le fue otorgado de morir en la cruz del Calvario para redimirnos del pecado a todos los que invoquemos su nombre. Ese sí es un modelo a seguir. Para formar ese carácter, conforme al corazón de Cristo, debemos ser fieles a Él y a sus enseñanzas, y firmes en practicar los valores que Él vivió.

Peter Kreef, un profesor de filosofía, dijo: «Siembra un pensamiento y recogerás una acción. Siembra una acción y recogerás un hábito. Siembra un hábito y recogerás un carácter».[4] He aquí las instrucciones para formar un carácter firme:

- Comienza a cultivar los pensamientos que tienen sus raíces en la Palabra de Dios. Sólo en la Biblia encontramos los valores que deben regir nuestra conducta.
- De esos buenos pensamientos surgirán buenas acciones. Practica, con conciencia y firmeza, de manera consistente, esas buenas acciones nuevas que estás aprendiendo. Aunque no tengas deseos de hacerlo, persiste en repetir aquellas conductas nobles que se desprenden de la Biblia, hasta que se vayan convirtiendo en parte tuya, de modo que llegue el momento en que las puedas practicar de forma natural sin pensar por qué y para qué, y sin sentir dudas, puesto que han sido asimiladas tan profundamente que ya fluyen como parte de tu vida.

- Cuando logras que esas acciones se conviertan en parte de tu ser interno y las practicas como una regla impuesta por ti misma, con la clara intención de actuar siempre de forma íntegra, consigues hacer de estas un hábito. De esa forma desarrollarás la costumbre de actuar siempre de acuerdo a lo que Dios dejó establecido.
- La práctica continua y disciplinada de esas acciones formará o esculpirá en ti lo que conocemos como carácter. La unión de los pensamientos, las actitudes y los hábitos forman eso que llamamos el carácter. Conviene tener la conciencia de que para desarrollar un carácter firme es necesario que contemos con la ayuda de Dios y ejerzamos nuestra voluntad para decidir cambiar todo aquello que aprendimos mal y no nos permite vivir plenamente.

Cambiar nuestras maneras equivocadas de vivir cuesta esfuerzo, dedicación, disciplina y, sobre todo, mucha reeducación. Para evitar frustraciones en el proceso, se debe tener claro que los cambios no ocurren de forma automática. Si queremos que la transformación sea verdadera y que pueda sostenerse con el paso del tiempo, tenemos que hacer esfuerzos conscientes para adoptar nuevos comportamientos sanos. Esto solo puede lograrse de forma efectiva cuando aceptamos con profunda honestidad que nos hemos equivocado, o cuando admitimos ante nosotras mismas y ante Dios que nuestra manera de vivir no es correcta, o no nos satisface. Hay quienes necesitan tocar el fondo de la desesperación para buscar de la presencia de quien nos creó. Pero, ¿por qué esperar tanto para hacer cambios, si Dios está dispuesto desde ahora a tomarte de la mano y a ayudarte en todo lo que sea necesario para que crezcas a la medida de la estatura de Jesucristo?

En la carta que le escribe a los Efesios, el apóstol Pablo nos dice que Dios repartió diferentes dones a cada uno de los que componemos el cuerpo de Cristo, que es la iglesia para que nos enseñemos unos a otros y nos capacitemos para trabajar en su obra conforme al talento que Él nos ha regalado. Ese aprendizaje de las enseñanzas de la Biblia es el que nos hace conocer la voluntad de Dios y por consiguiente crecer en la fe hasta alcanzar la estatura de Jesucristo.

Ellos tienen la responsabilidad de preparar al pueblo de Dios para que lleve a cabo la obra de Dios y edifique la iglesia, es decir, el cuerpo de Cristo. Ese proceso continuará hasta que todos alcancemos tal unidad en nuestra fe y conocimiento del Hijo de Dios que seamos maduros en el Señor, es decir, hasta que lleguemos a la plena y completa medida de Cristo. Entonces ya no seremos inmaduros como los niños. No seremos arrastrados de un lado a otro ni empujados por cualquier corriente de nuevas enseñanzas. No nos dejaremos llevar por personas que intenten engañarnos con mentiras tan

> hábiles que parezcan la verdad. En cambio, hablaremos la verdad con amor y así creceremos en todo sentido hasta parecernos más y más a Cristo, quien es la cabeza de su cuerpo, que es la iglesia. Él hace que todo el cuerpo encaje perfectamente. Y cada parte, al cumplir con su función específica, ayuda a que las demás se desarrollen, y entonces todo el cuerpo crece y está sano y lleno de amor.
>
> —Efesios 4.12–16

Fíjate que en los versos 14 y 15, el apóstol Pablo nos explica cómo después de adquirir ese conocimiento del Hijo de Dios ya seremos personas maduras que no se dejarán arrastrar por cualquier enseñanza, ni por engaños ni mentiras con apariencia de verdad. Sus palabras nos confirman que una vez se logre esa madurez espiritual, entonces hablaremos la verdad con amor y cada día nos pareceremos más a Cristo. Al afirmar que Él es la cabeza del cuerpo que es la Iglesia y, tomando en cuenta que esta, a su vez, está compuesta por cada uno de los que hemos creído en Jesucristo como nuestro Salvador, podemos concluir que Cristo es sin lugar a dudas nuestra cabeza. Esto es así porque en la cabeza está el cerebro, que es el órgano principal en donde se encuentran todos los elementos que controlan y definen nuestra existencia. De acuerdo a la información y a las órdenes que le suministramos a la mente, así somos. Por tanto, si permito que Jesucristo sea la cabeza de mi vida, mi ser vivirá en armonía con su Palabra y con toda la creación. La manera eficaz de desarrollar un carácter firme es dejarnos guiar por el carácter de Cristo. Considerando que el origen de la palabra carácter quiere decir marca, anhelemos ser marcadas por el carácter de Jesucristo. Sus atributos son inspiradores y dignos de imitar. Su firmeza, su integridad, su sabiduría al hablar y al tomar decisiones y la congruencia entre lo que pensaba, hablaba, actuaba y enseñaba a otros, nos permiten aprender una ruta correcta de acción que si la ponemos en práctica en nuestras vidas, nos llevará por el camino del amor, la paz y la felicidad. Él es el modelo de carácter por excelencia.

Mientras estoy explicándote cómo puedes desarrollar carácter, me emociono y me lleno de una paz y un gozo extraordinarios. Las palabras me resultan insuficientes para transmitirte todo lo que siento porque esto que te estoy enseñando, lo he vivido y lo he visto en mi familia. La vida bajo el señorío y el modelo de Jesucristo es tan diferente a la dolorosa y amarga experiencia que viven día tras día aquellos que van caminando en soledad, que si volviera a nacer, repetiría el haber tenido la experiencia personal con Jesucristo que me hizo reconocer a temprana edad el camino a seguir. Conocer su amor y su Palabra me ha hecho amarme a mí y a los demás, me ha permitido tener misericordia y he desarrollado las convicciones firmes que han forjado el carácter que nadie jamás me podrá arrebatar. Todo ese caudal de enseñanzas que he recibido de Él me ha dado éxito en mi matrimonio, con mis hijos, con la familia y con los que me relaciono personalmente o por los medios de comunicación. He tenido éxito porque aprendí a amar al prójimo como a mí misma aunque pueda haber alguien que no me ame y a bendecir aunque no me bendigan. Hago mi parte conforme a lo que dice la Palabra, independientemente de lo que los demás practiquen. Cada uno dará cuentas a Dios por su vida. La vida es tan bella como el amor que sembremos día a día en cada ser creado por Dios.

Esta disciplina para desarrollar carácter, no solo debemos cultivarla nosotros sino que, además, se la tenemos que enseñar a nuestros hijos, para que ellos sigan la trayectoria que los conducirá a ser hombres y mujeres que tienen control de sus emociones y su voluntad. El apóstol Pablo le enseña a Timoteo a avivar siempre su fervor por los asuntos espirituales. De esa manera logrará desarrollar una solidez espiritual que marcará su carácter de forma tal, que la timidez y el temor serán vencidos por el espíritu de poder, amor y autodisciplina que ya Dios le ha dado. Por eso con unas palabras tiernas le dice:

> Me acuerdo de tu fe sincera, pues tú tienes la misma fe de la que primero estuvieron llenas tu abuela Loida y tu madre, Eunice, y sé que esa fe sigue firme en ti. Por esta razón, te recuerdo que avives el fuego del don espiritual que Dios te dio cuando te impuse mis manos. Pues Dios no nos ha dado un espíritu de temor y timidez sino de poder, amor y autodisciplina. Así que nunca te avergüences de contarles a otros acerca de nuestro Señor . . .
>
> —2 Timoteo 1.5–8

¡Fíjate cuán importante fue la influencia que ejercieron la abuela y la madre de Timoteo en el desarrollo espiritual y emocional de este joven! Loida y Eunice representaron para Timoteo un valioso ejemplo de fe. Nosotras somos una influencia poderosa en el desarrollo de nuestros hijos, ya sea para bien o para mal. Por esa razón es imprescindible que forjemos un carácter firme y lo fortalezcamos diariamente para que nuestros hijos lo imiten, así como nosotras imitamos el de Cristo. Pablo le dice a Timoteo: «Te recuerdo que avives el fuego del don espiritual», porque con las situaciones cotidianas podemos desenfocarnos de nuestra meta. Y a ti, mi amiga, quiero recordarte en este momento que avives el fuego, el deseo, la pasión y tu amor por Jesús. ¡Cultiva tu vida espiritual! No permitas que el polvo que se va levantando ante ti con cada momento difícil que se te presenta en el camino, nuble y esconda tu meta, que es parecerte a Él.

Amiga querida, no podemos viajar al pasado para cambiar lo que nos pasó, pero sí podemos soltar la carga tan penosa que ese pasado representa en nuestro caminar diario. Cuando nos liberamos de las viejas formas de pensar y soltamos las emociones negativas asociadas a todo lo vivido, vamos viajando poco a poco, pisada tras pisada, hacia la floreciente ciudad del futuro, dejando atrás las ruinas del pasado.

Cuando vamos a irnos de viaje, al llegar al aeropuerto siempre tenemos que pasar por el proceso de pesar las maletas. Si tienen exceso de peso, el asistente de la línea aérea nos dirá que podemos sacar piezas de ropa o de lo contrario tendremos que pagar por el exceso de equipaje que llevamos, y lo triste es que el costo por libra es alto. Hay personas que al verse en esa situación no quieren eliminar piezas ni quieren pagar, pero a pesar de su actitud, no les queda más remedio que decidir. Lo mismo ocurre con las emociones pesadas que nos empeñamos en cargar. Quiero decirte que viajar en la vida con el exceso de equipaje que representa el pasado, exige un precio demasiado alto; así que lo mejor es decidir dejar atrás lo que pasó y ordenar nuestra vida si queremos disfrutar de todas las maravillas que nos esperan en nuestra travesía. En los casos en que tengamos que perdonar o pedir perdón, debemos hacerlo de inmediato y extraer de cada experiencia vivida el aprendizaje que nos beneficiará en el resto del viaje.

Debo prevenirte de que mientras vas aprendiendo a manejar tus emociones y a ser dueña de tus impulsos, habrá momentos en que caerás presa de ellos. Recuerda que hacer ese hábito implica dejar una costumbre que has practicado durante muchos años. Lo importante es que no te justifiques ni te autocastigues por haber recaído, basta con que te arrepientas y continúes en tu esfuerzo por lograr el control sobre tus emociones. Dios siempre nos perdona y tiene misericordia de nosotros. Y lo mejor de todo es que no nos dice: «Te lo dije».

Es necesario e impostergable que aprendamos a vivir como hijos de luz y dejemos atrás lo mal aprendido: la actitud de víctima, el odio, la maledicencia, el rencor y el deseo de venganza. Pero debes saber que hacer esto es un acto de voluntad, no puedes esperar hasta que sientas el deseo de hacerlo, es una decisión y la misma Palabra nos lo demuestra cuando usa todos los verbos en la forma imperativa:

> Pero eso no es lo que ustedes aprendieron acerca de Cristo. Ya que han oído sobre Jesús y han conocido la verdad que procede de él, desháganse de su vieja naturaleza pecaminosa y de su antigua manera de vivir, que está corrompida por la sensualidad y el engaño. Y, en cambio, dejen que el Espíritu les renueve los pensamientos y las actitudes. Pónganse la nueva naturaleza, creada para ser a la semejanza de Dios, quien es verdaderamente justo y santo. Así que dejen de decir mentiras. Digamos siempre la verdad a todos porque nosotros somos miembros de un mismo cuerpo. Además, «no pequen al dejar que el enojo los controle». No permitan que el sol se ponga mientras siguen enojados, porque el enojo da lugar al diablo. Si eres ladrón, deja de robar. En cambio, usa tus manos en un buen trabajo digno y luego comparte generosamente con los que tienen necesidad. No empleen un lenguaje grosero ni ofensivo. Que todo lo que digan sea bueno y útil, a fin de que sus palabras resulten de estímulo para quienes las oigan. Líbrense de toda amargura, furia, enojo, palabras ásperas, calumnias y toda clase de mala conducta. Por el contrario, sean amables unos

con otros, sean de buen corazón, y perdónense unos a otros, tal como Dios los ha perdonado a ustedes por medio de Cristo.

—Efesios 4.20–29, 31–32

Así que piensen con claridad y ejerciten el control propio. Pongan su esperanza en la salvación inmerecida que recibirán cuando Jesucristo sea revelado al mundo. Por lo tanto, vivan como hijos obedientes de Dios. No vuelvan atrás, a su vieja manera de vivir, con el fin de satisfacer sus propios deseos. Antes lo hacían por ignorancia, pero ahora sean santos en todo lo que hagan, tal como Dios, quien los eligió, es santo. Pues las Escrituras dicen: «Sean santos, porque yo soy santo».

—1 Pedro. 1.13–14

Es imprescindible que creemos conciencia de que nosotros, además de un cuerpo, tenemos un espíritu que debemos atender y alimentar para lograr desarrollar ese dominio propio que manifiestan todos los que han formado carácter. Cuando atendemos la necesidad que tiene nuestro espíritu de conectarse al Espíritu de Dios —en quien habita el perfecto amor y una paz incomparable—, nuestra vida con todos sus tropiezos pasados y presentes, adquiere otro sentido y desarrollamos las fortalezas necesarias para vencer lo que nos hace daño. Debemos procurar siempre que en nosotros domine lo espiritual en lugar de lo carnal que nos quiere empujar continuamente hacia las bajas pasiones. La Biblia nos enseña cómo el Espíritu nos lleva a la vida y a la paz mientras que las bajas pasiones, producto de la naturaleza carnal, nos conducen a la muerte.

> Los que están dominados por la naturaleza pecaminosa piensan en cosas pecaminosas, pero los que son controlados por el Espíritu Santo piensan en las cosas que agradan al Espíritu. Por lo tanto, permitir que la naturaleza pecaminosa les controle la mente lleva a la muerte. Pero permitir que el Espíritu les controle la mente lleva a la vida y a la paz. Pues la naturaleza pecaminosa es enemiga de Dios siempre. Nunca obedeció las leyes de Dios y jamás lo hará. Por eso, los que todavía viven bajo el dominio de la naturaleza pecaminosa nunca pueden agradar a Dios.
>
> —Romanos 8.5–8

Mujeres, seamos equilibradas, busquemos siempre la paz de Dios para que desarrollemos dominio propio y podamos aprender aún de las más tristes experiencias, sin quedarnos atascadas en ellas. Es necesario liberarnos de nuestras cargas emocionales poniendo la luz de la Palabra de Dios en cada uno de nuestros pensamientos y nuestras acciones. Eso significa formar carácter y vivir a plenitud.

CAPÍTULO 7

Lo que pasó, pasó . . .

Ahora puedo consolar a otros

Si en este momento pudiera hablar contigo frente a frente y te preguntara: «¿Te gustaría sufrir?», lo más probable es que brincarías como un resorte y me dirías: «¡Claro que no!», porque a todos nos gustaría ir por la vida sin experimentar sufrimiento ni dolor, a no ser que tengamos algún problema emocional. Nos ha tocado vivir en el tiempo en que más medicamentos se han creado para eliminar el dolor, tanto para los quebrantos físicos como para la tristeza, el pesar o cualquier otro tipo de aflicción emotiva. Sin embargo, resulta paradójico el hecho de que sean tantas las personas, sobre todo las mujeres, que experimentan a diario grandes dosis de dolor a pesar de que aseguran no querer ninguna cercanía al sufrimiento porque lo consideran su enemigo. Son pocas las mujeres que advierten que «Don Dolor», al igual que nosotras, además de poseer debilidades también tiene muchos aspectos positivos. Y como tengo la sana costumbre de señalar los puntos fuertes de la gente, con esta temida emoción no será la excepción.

En primer lugar, conviene destacar que el dolor es la forma que usa el cuerpo para quejarse e indicarnos que hay algo en él que no está funcionando bien. Es la manera de crear un estado de alerta para que podamos buscar qué órgano del cuerpo necesita nuestra ayuda y atención. Así sabemos si hay alguna infección, si existe una célula dañada que en lugar de eliminarse se está multiplicando o si el cuerpo necesita un tiempo de descanso. Si nuestro cuerpo no nos diera esas señales de dolor no podríamos ir en busca de la ayuda de un médico para recuperar la salud pues ni siquiera advertiríamos que estamos enfermos. Cuando el dolor es emocional también el cuerpo nos avisa que hay una situación en la que necesitamos trabajar porque algo no está funcionando bien y debemos hacer ajustes. Algunos de esos avisos de dolor emocional son: insomnio, pensamientos negativos de todo tipo, llanto excesivo, sentimientos de culpa, obsesiones, cansancio excesivo, desinterés por el trabajo, pérdida del apetito o comer en exceso, pérdida de interés sexual y hasta pensamientos suicidas. Por lo visto, lo que parece ser negativo nos lleva a etapas superiores en nuestra vida y aún más cuando nos tomamos el tiempo para analizar el efecto que tiene el dolor en nuestra vida espiritual.

Las fuertes tormentas de la vida son las que nos recuerdan que somos frágiles. Las dificultades nos muestran que por más independientes que creamos ser en realidad, no somos autosuficientes. Es, precisamente, en esos momentos de impotencia y frustración cuando reconocemos que hay situaciones en las que no importa cuánto hayamos estudiado ni cuán inteligentes seamos, necesitamos la ayuda de Dios, nuestro Padre, quien nos creó. Esas circunstancias dolorosas nos obligan a mirar hacia el cielo para que siempre estemos conscientes de la urgencia que tenemos de desarrollar un vínculo permanente con nuestro Creador. Es esa mirada de desesperación y súplica la que nos permite liberarnos de nuestro orgullo y aceptar con humildad que necesitamos recibir el consuelo, la paz y la luz inspiradora de quien creó todas las maravillas del Universo. Son esos momentos de intenso sufrimiento los que nos hacen sensibles y, por consiguiente, nos permiten reconocer que hay uno más poderoso que nosotros quien nos creó con todo su amor y que para vivir en armonía es imprescindible tenerlo presente todos los días. La Biblia, el libro que recoge la palabra que sale de la boca de Dios para edificar nuestra vida sobre un cimiento fuerte y firme, nos enseña que Él es nuestro Padre misericordioso y la fuente de nuestro consuelo. Es siguiendo el ejemplo que nos da nuestro Padre celestial que nosotros podemos también consolar a otros.

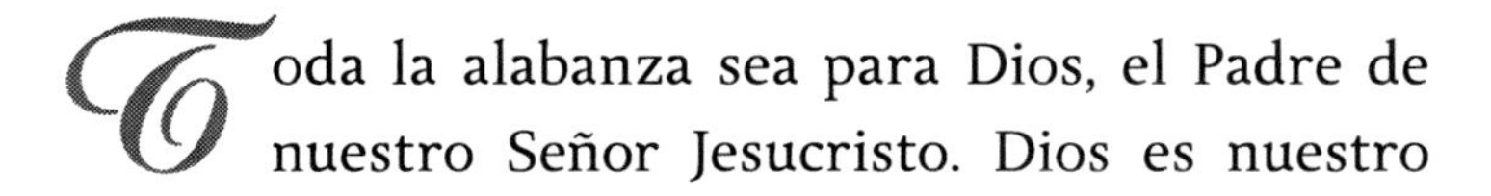
Toda la alabanza sea para Dios, el Padre de nuestro Señor Jesucristo. Dios es nuestro

> Padre misericordioso y la fuente de todo consuelo. Él nos consuela en todas nuestras dificultades para que nosotros podamos consolar a otros. Cuando otros pasen por dificultades, podremos ofrecerles el mismo consuelo que Dios nos ha dado a nosotros.
>
> —2 Corintios 1.3–4

El vocablo *consolar* significa *aliviar la pena o aflicción de una persona.*[1] Esto quiere decir que cuando pasamos dolor, Dios nos consuela abundantemente y de esa manera alivia nuestro dolor porque Él es la fuente de todo consuelo.

> Amados hermanos, pensamos que tienen que estar al tanto de las dificultades que hemos atravesado en la provincia de Asia. Fuimos oprimidos y agobiados más allá de nuestra capacidad de aguantar y hasta pensamos que no saldríamos con vida. De hecho, esperábamos morir. Pero, como resultado, dejamos de confiar en nosotros mismos y aprendimos a confiar sólo en Dios, quien resucita a los muertos. Y efectivamente él nos rescató del peligro mortal y volverá a hacerlo de nuevo. Hemos depositado nuestra confianza en Dios, y él seguirá rescatándonos.
>
> —2 Corintios 1.8–10

En el texto citado, el apóstol Pablo, en su carta a los corintios, nos explica que en medio de todas las tribulaciones que él pasó en su servicio a Dios, llegó un momento en que se sintió más oprimido y agobiado de lo que él estaba consciente que podía soportar y llegó hasta el extremo de pensar que no saldría con vida de aquella situación. Sin embargo, él expresa con un fuerte sentimiento de amor y satisfacción, cómo aquel terrible suceso que le provocó tanta angustia, le demostró su fragilidad y aprendió a dejar de confiar en él mismo. El apóstol decidió confiar sólo en la fuerza infinita del Dios omnisciente, que todo lo sabe; omnipotente, que todo lo puede; y omnipresente, que está donde quiera que estemos para socorrernos y bendecirnos independientemente de los recursos que tengamos. Lo que parecía ser una experiencia negativa, le enseñó una gran lección: tener la fe puesta en Dios y no en sus propias fuerzas. Pablo nos puede dar cátedra de lo que significa estar en el fuego de la prueba, y él mismo enumera parte de sus sufrimientos en el siguiente pasaje bíblico:

> Cinco veces recibí de los judíos los treinta y nueve azotes. Tres veces me golpearon con varas, una vez me apedrearon, tres veces naufragué, y pasé un día y una noche como náufrago en alta mar. Mi vida ha sido un continuo ir y venir de un sitio a otro; en peligros de ríos, peligros de bandidos, peligros de parte de mis compatriotas, peligros a manos de los gentiles, peligros en la ciudad, peligros en el campo, peligros en el mar y peligros de parte de falsos hermanos. He pasado muchos trabajos y fatigas,

> y muchas veces me he quedado sin dormir; he sufrido hambre y sed, y muchas veces me he quedado en ayunas; he sufrido frío y desnudez. Y como si fuera poco, cada día pesa sobre mí la preocupación por todas las iglesias.
>
> —2 Corintios 11.24–28 (NVI)

Es muy importante señalar que los sufrimientos que pasó el apóstol fueron ocasionados por hablarles a otros de cómo la Palabra de Dios transformaba la vida de las personas sin importar cuál hubiera sido su condición. El valor, el mérito y la belleza de su misión de evangelización cristiana residían en que él mismo fue un ejemplo de la obra redentora de Jesús. Antes de ser un promotor del mensaje de Dios, Pablo había sido un cruel perseguidor del pueblo cristiano, hasta que Jesucristo se le reveló de una manera impactante. Te presento el pasaje tal y cómo aparece narrado en la Nueva Traducción Viviente, para que puedas apreciar la belleza y el poder de Dios manifestados en ese momento tan único en la vida de Pablo, quien antes de su conversión era llamado Saulo:

> (...) Saulo pronunciaba amenazas en cada palabra y estaba ansioso por matar a los seguidores del Señor. Así que acudió al sumo sacerdote. Le pidió cartas dirigidas a las sinagogas de Damasco para solicitarles su cooperación en el arresto de los seguidores del Camino que se

encontraran ahí. Su intención era llevarlos —a hombres y mujeres por igual— de regreso a Jerusalén encadenados. Al acercarse a Damasco para cumplir esa misión, una luz del cielo de repente brilló alrededor de él. Saulo cayó al suelo y oyó una voz que le decía:

—¡Saulo, Saulo! ¿Por qué me persigues?

—Quién eres, señor? —preguntó Saulo.

—Yo soy Jesús, ¡a quien tú persigues! —contestó la voz—. Ahora levántate, entra en la ciudad y se te dirá lo que debes hacer.

Los hombres que estaban con Saulo se quedaron mudos, porque oían el sonido de una voz, ¡pero no veían a nadie! Saulo se levantó del suelo pero, cuando abrió los ojos, estaba ciego. Entonces sus acompañantes lo llevaron de la mano hasta Damasco. Permaneció allí, ciego, durante tres días sin comer ni beber. Ahora bien, había un creyente en Damasco llamado Ananías. El Señor le habló en una visión, lo llamó:

—¡Ananías!

—¡Sí, Señor! —respondió.

El Señor le dijo:

—Ve a la calle llamada Derecha, a la casa de Judas. Cuando llegues, pregunta por un hombre de Tarso que se llama Saulo. En este momento, él está orando. Le he mostrado en visión a un hombre llamado Ananías que entra y pone las manos sobre él para que recobre la vista.

—¡Pero Señor! —exclamó Ananías—, ¡he oído a mucha gente hablar de las cosas terribles que ese hombre les ha hecho a los creyentes de Jerusalén! Además, tiene la autorización de los sacerdotes principales para arrestar a todos los que invocan tu nombre.

Pero el Señor le dijo:

—Ve, porque él es mi instrumento elegido para llevar mi mensaje a los gentiles y a reyes, como también al pueblo de Israel. Y le voy a mostrar cuánto debe sufrir por mi nombre.

Así que Ananías fue y encontró a Saulo, puso sus manos sobre él y dijo: «Hermano Saulo, el Señor Jesús, quien se te apareció en el camino, me ha enviado para que recobres la vista y seas lleno del Espíritu Santo». Al instante, algo como escamas cayó de los ojos de Saulo y recobró la vista. Luego se levantó y fue bautizado. Después comió algo y recuperó las fuerzas.

—Hechos 9.1–19

Cuando conocemos esta historia nos damos cuenta de que el poder transformador de Cristo es infinito. No hay nada que Dios no pueda perdonar, sanar y restaurar cuando el ser humano se rinde y se humilla delante de la presencia de Dios. La transformación de Saulo fue tan grande que le cambió hasta el nombre, porque al encontrarse con Dios aquel perseguidor se convirtió en una criatura nueva. Todo ese proceso fue doloroso: se cayó del caballo, quedó ciego y necesitó de otra persona para recuperar la vista, pero por la gracia de Dios, se operó el cambio en él y recibió la salvación.

A pesar de todas las pruebas que pasó, el apóstol no se dejó amedrentar ni destruir porque él sabía en quien había depositado su fe. De la misma manera en que el apóstol Pablo se mantuvo fortalecido en medio del dolor, gracias a su fe en Dios, la clave para que nosotras seamos consoladas y podamos consolar a otras personas que se encuentran en desgracia, está en la calidad de nuestra relación con nuestro Padre celestial. Dios se nos revela y nos capacita para ser mujeres que podamos influenciar a otros a través de las diferentes funciones que ejerzamos en nuestro diario vivir. El dolor que sufrió Pablo fortaleció su carácter y aprendió lo que verdaderamente es justo, correcto y valioso en la vida. Gracias a esa experiencia, pasó de ser un perseguidor de Cristo a ser un discípulo de Cristo y de ser un perseguidor de los cristianos a ser un hermano de ellos. Es un gran legado el que Pablo nos dejó en ese relato porque con él aprendemos a poner en perspectiva nuestras prioridades. A veces, las mujeres nos preocupamos por tantas nimiedades que perdemos de vista lo más excelente: hacer la voluntad de Dios e impactar a otros por nuestra manera de vivir. Cuando una mujer se preocupa tanto por lo que no es esencial para la vida, nos está diciendo a gritos que necesita conocer al Cristo de la gloria, para que ilumine su entendimiento y ponga en orden sus prioridades. Cuando Jesús se le reveló, Pablo cambió totalmente su forma de ver la vida y la manera en que trataba al prójimo.

Como hemos visto, el apóstol Pablo sufrió por ser íntegro, por hacer el bien, por decir la verdad. Eso no quiere decir que no podemos experimentar sufrimiento o sentirnos tristes cuando un ser querido está en dificultades, cuando nos diagnostican una enfermedad, o al enfrentar una pérdida, ya sea por muerte o porque alguien a quien amábamos ya no está. Es necesario validar la tristeza, pero una cosa es sentirla temporeramente y otra es hacerle una casa en nuestro corazón. No podemos dejar que la negatividad viva adentro de nosotros, bombardeándonos con dolor y desesperación, o produciendo sentimientos de culpabilidad que nos impiden recordar la promesa preciosa que vemos en el Salmo 23. Para tener salud mental y poder consolar a otros es vital tener presente que Jehová es nuestro pastor y con Él, nada nos faltará.

Aparte de entender que somos creación de Dios y que nos convertimos en sus hijos cuando le permitimos entrar a nuestro corazón, independientemente de nuestro origen, y que como hijos suyos nos ha sido otorgado todo cuanto necesitamos, es importante que comprendamos el valor de agradecer lo que tenemos. El fallecido cantante y compositor argentino, Facundo Cabral, decía en una de sus canciones que él fue al mercado y allí se dio cuenta de cuántas cosas había en aquel lugar, que él no necesitaba. Por lo general, el ser humano se enfoca en todo lo que no tiene, en lugar de estar agradecido por todas las bendiciones que Dios le ha dado. El hecho de ser agradecidas provoca en nosotras un deseo constante de servir a otros, de comunicarles y ofrecerles lo que nosotras hemos recibido y nos ha bendecido, porque ha cambiado nuestra vida. Cuando somos agradecidas, no juzgamos, porque aprendemos a tener compasión con los demás cuando van por rumbos equivocados y les ayudamos a ver el camino correcto. Todos estos atributos provienen de la fuente de amor y de justicia, Dios. ¡Sólo la presencia divina en nosotros marca la diferencia en nuestra vida!

Amiga querida, es necesario que el sufrimiento toque a nuestra puerta para recordarnos que necesitamos de Dios, que somos débiles, que debemos ser sensibles al dolor de los demás, y que al acercarnos a Dios, Él nos da la fortaleza para que podamos consolar a otros en sus momentos difíciles. Además, el sufrimiento nos sirve para formar en nosotras carácter, ese que nos capacita para enfrentar todas las tormentas de la vida con asertividad y salir victoriosas, sin enfermarnos emocionalmente.

Hace mucho tiempo leí una comparación entre la planta de tomates y el árbol de roble que reafirmó mi comprensión sobre las bendiciones que pueden darnos las experiencias de dolor. Aunque no recuerdo la fuente donde leí dicha comparación, grabé su significado en mi corazón. Según se desprendía de la lectura, el tallo de la planta de tomates es frágil y con cualquier viento se parte, mientras que, cuando sopla el viento, el tronco del árbol de roble se dobla pero no se parte; en lugar de ello, se fortalece. Esta analogía nos muestra que cuando hemos desarrollado firmeza de carácter, somos como un roble, los momentos de dolor nos pueden doblar hasta llegar al llanto, pero no nos parten, sino que nos fortalecen para enfrentar retos más fuertes y profundos.

Yo soy un vivo ejemplo de cómo podemos fortalecernos espiritualmente cuando nos golpea la adversidad. Cuando llegué a los cuarenta y seis años, el único sufrimiento significativo que me había doblado, fue la muerte de mi papá, a quien amaba entrañablemente y con quien tenía un fuerte vínculo emocional. Dios me sostuvo en medio de mi dolor y mi fe creció grandemente porque, a pesar de la tristeza que me dejó su pérdida, sentí una paz que jamás imaginaba que iba a experimentar el día que mi papá faltara. Después de esa iniciación en el dolor, han soplado vientos más fuertes en mi vida, como el asesinato de mi yerno, quien murió a manos de alguien que le quería robar. Ver de cerca la horrible escena del crimen fue un golpe que no habría podido soportar si no hubiera tenido una relación sólida con Dios. Asimismo, tampoco habría podido resistir la angustia que me causó el accidente que casi le cuesta la vida a mi hijo cuando se cayó desde una altura de quince pies. Incluso, ahora mismo, mientras te escribo estas líneas estoy pasando por una de las tormentas más fuertes que he tenido que afrontar en mi vida: el cáncer que se ha proliferado en el cuerpo de mi mamá, a quien amo tanto como a mi papá. A esto podría sumarle las traiciones que nos encontramos por el camino, pero quiero reafirmar que en todas las circunstancias difíciles, Dios me ha sostenido y el tronco de mi espíritu se ha fortalecido en la medida en que la velocidad de los vientos ha aumentado. He hecho mío el Salmo 23 y he experimentado en mi vida lo que el salmista vivió:

> El Señor es mi pastor; tengo todo lo que necesito. En verdes prados me deja descansar; me conduce junto a arroyos tranquilos. Él renueva mis fuerzas. Me guía por sendas correctas, y así da honra a su nombre. Aun cuando yo pase por el valle más oscuro, no temeré, porque tú estás a mi lado. Tu vara y tu cayado me protegen y me confortan. Me preparas un banquete en presencia de mis enemigos. Me honras ungiendo mi cabeza con aceite. Mi copa se desborda de bendiciones. Ciertamente tu bondad y tu amor inagotable me seguirán todos los días de mi vida, y en la casa del Señor viviré por siempre.
>
> —Salmo 23.1–6

Todo lo que el salmista declara en este salmo, lo he experimentado en mi vida. Por eso, anhelo que tú también creas lo que Dios, con todo su amor, nos regala en ese texto. Dios es nuestro pastor, por tanto, mi querida amiga, lo tenemos todo porque Él nos llena de su paz, nos hace descansar en su presencia, renueva nuestras fuerzas y dirige nuestros pasos a caminos de rectitud. Cuando lo tenemos a Él en nuestro corazón, podemos pasar por la situación más difícil y más oscura, pero no sentimos miedo porque sabemos que nuestro Padre celestial no nos dejará solas en ningún momento y siempre nos protegerá. El amor de Dios es incondicional e inagotable y Él ha prometido estar con nosotros hasta el fin. Desde el momento en que Dios se hace real en nuestra vida nos damos cuenta de que nada puede ser más importante que la fidelidad que le debemos a Él y a su Palabra.

Muchas mujeres sufren innecesariamente porque creen que su felicidad proviene de un hombre. No hay nada malo en que te enamores de un buen hombre que ame a Dios y a su familia de origen, que sea responsable en su trabajo y con el pago de sus cuentas, que sepa gobernar su voluntad y sus emociones, que te respete y te considere, y que sepa esperar hasta el matrimonio para tener relaciones sexuales. ¿Sabes lo que es perjudicial? Colocar a ese hombre en primer lugar y creer que sin él la vida no tiene sentido. Por esa creencia equivocada, a diario vemos cuántas mujeres pierden su vida llorando sin consuelo por un hombre ya sea porque se fue de la casa, porque le dijo que la quería pero no la amaba, porque se enamoró de otra mujer, porque quiere «espacio» o porque desea ser libre. En fin, cualquier excusa es buena cuando un hombre quiere abandonar el hogar. Lo que ninguno de esos hombres ha sido capaz de entender es que la insatisfacción espiritual y emocional que tienen no la llena otra mujer. Ese vacío se debe a su desconexión con Dios. El no haber conocido ese amor incondicional les impide ser sensibles a la necesidad de sus cónyuges y de sus hijos. Por más que te aflijas, llores, sufras, le cuentes tu dolor al mundo entero, él no va a recapacitar porque está ciego en su afán por llenar la soledad espiritual y emocional que solo Dios le puede dar.

El sufrimiento es negativo y dañino para tu vida cuando el dolor físico o emocional ocupa tu mente la mayor parte del tiempo y está presente en todo lo que haces. Cuando traes con tu pensamiento la aflicción del pasado hacia el presente y, del presente, la trasladas al futuro, te mantienes ahogada en el llanto o en las aguas de la ansiedad. Ese patrón de conducta, definitivamente, es perjudicial para tu vida pues al reciclar todo el tiempo pensamientos negativos, te sumerges en las emociones de dolor y te esclavizas a ellas. Por tanto, no permites que tu mente pueda producir o crear respuestas nuevas a esos viejos problemas que todavía siguen revoloteando en tu cabeza. Cuando enfrentas el dolor sola, lejos de la presencia de Dios, y conforme a tus fuerzas te impones a ti misma un sufrimiento imposible de soportar. En ese escenario de soledad espiritual y aparente autosuficiencia se da el terreno propicio para que crezca el germen de la depresión. Solas, valiéndonos únicamente de nuestras fuerzas, no tenemos la capacidad de salir adelante, porque nuestra visión y nuestras capacidades son limitadas en comparación con las grandes batallas que tendremos que librar en la vida. Pero sostenidas de la mano de Dios logramos lo inalcanzable, lo imposible, porque a través de Su Palabra desarrollamos la fe necesaria para mantener viva la esperanza. Por el contrario, cuando Dios no está presente en tu corazón, usas la fe en sentido inverso: esperas siempre lo peor.

> Nosotros ponemos nuestra esperanza en el Señor; él es nuestra ayuda y nuestro escudo. En él se alegra nuestro corazón, porque confiamos en su santo nombre. Que tu amor inagotable nos rodee, Señor, porque sólo en ti está nuestra esperanza.
>
> —Salmo 33.20–22

Depositemos siempre nuestra esperanza en Dios y digámosle a todas esas circunstancias negativas del pasado que quieren venir a atemorizarnos como fantasmas: «Ya tú no tienes poder sobre mi vida, porque lo que pasó, pasó . . . ahora usaré el sufrimiento experimentado, no para condenarme a mí misma ni a otros, sino para tener la sensibilidad de consolar a los demás y abrirles los ojos de la fe».

CAPÍTULO 8

Lo que pasó, pasó . . .

Ahora debo enfrentar las consecuencias por mis decisiones y actos

Desde que somos concebidas comienza a caminar el reloj de la vida, que va marcando los segundos, los minutos y las horas que Dios nos asignó a cada una de nosotras para desarrollar nuestra historia. Cada ser humano deberá desempeñar su rol «en vivo» porque en la representación de nuestra vida no hay oportunidad para ensayar ni para repetir una escena. Por tanto, debemos pensar bien cada acto que representemos pues una vez vivimos una experiencia no podemos volver atrás para borrar los errores cometidos, tal y como lo hacemos cuando estamos redactando un escrito.

Ciertamente en la vida hay oportunidad para arrepentirse y enderezar el camino, pero los errores, equivocaciones y pecados, traen consigo una serie de consecuencias inevitables, que muchas veces resultan ser de carácter permanente. Por eso, considero muy irresponsable cuando las personas dicen: «Es mejor pedir perdón que pedir permiso». Ese comentario, aunque aparenta ser gracioso, desvirtúa el significado del perdón porque lo deja ver como si fuera una palabra mágica que se dice y surte efecto automáticamente sin involucrar dolor, conciencia, arrepentimiento ni cambio de conducta. Es, como si en la vida, las acciones equivocadas se pudieran eliminar fácilmente, como se borra una mancha de tinta con sólo pasar líquido corrector sobre una hoja de papel sin que quede el rastro de que en un momento dado hubo una terrible falta. La vida es frágil y no se puede jugar con ella, porque se nos puede romper.

Dejar el pasado atrás no implica irresponsabilidad ni salidas fáciles ante situaciones difíciles. Aunque liberarse de la experiencias vividas es una decisión que parece sencilla, para la mayoría de las mujeres es más complicado hacerlo que para los hombres, debido a las diferencias que existen en las estructuras cerebrales del hombre y la mujer. La psiquiatra Louann Brizendine, en su libro *El cerebro femenino,* afirma que la estructura y la química cerebral de la mujer es la responsable de que ella pueda recordar los detalles de las primeras citas y los conflictos más significativos que enfrentó con su pareja durante esos primeros meses de relación; mientras que su esposo ni se acuerda de lo que pasó.[1] Brizendine comenta que el eje principal de la formación de la emoción y la memoria —el hipocampo— es mayor en el cerebro femenino y los circuitos cerebrales responsables del lenguaje y la observación de las emociones de los demás, también son más receptivos en el cerebro de la mujer.[2] Quiere decir que, por lo general, las mujeres expresan mejor las emociones y recuerdan con más facilidad los detalles relacionados con situaciones que tienen que ver con lo que sienten. Por esto a las mujeres se nos hace tan difícil olvidar los eventos dolorosos del pasado. No obstante, ahora que estás consciente de esa inclinación, puedes también cambiar esa actitud. De la misma manera que esas predisposiciones están presentes en nuestra estructura cerebral, se ha comprobado que, ante nuevos estímulos, el cerebro tiene la capacidad de renovarse, lo que implica que podemos cambiar esas tendencias cuando nos exponemos a nuevas experiencias de aprendizaje. Sí, podemos aprender a perdonar a otros y perdonarnos a nosotras mismas, asumir las consecuencias del error o de los errores cometidos, dejar el pasado atrás y salir adelante en una nueva forma de vida, renovando nuestro entendimiento tal y como lo expresa el apóstol Pablo en su carta a los romanos.

> No se amolden al mundo actual, sino sean transformados mediante la renovación de su mente. Así podrán comprobar cuál es la voluntad de Dios, buena, agradable y perfecta.
>
> —Romanos 12.2 (NVI)

Pablo nos exhorta a no imitar las costumbres del mundo que nos rodea porque estas son imperfectas y superficiales, y nos manda a que le permitamos a Dios que haga un cambio profundo en nuestra manera de pensar para que nuestra manera de vivir sea transformada. Quiere decir que cuando permitimos que la Palabra de Dios y sus enseñanzas entren a nuestro sistema de pensamientos, el cerebro se estimula con esa nueva información y aprende las nuevas formas de vida en las que se manifiesta la voluntad de Dios que es buena, agradable y perfecta. Así es como se renueva el entendimiento y se producen a su vez formas de pensar revitalizadas. Por eso me parece tan lamentable cuando escucho tanto a hombres como a mujeres decir: «Ya yo soy así y no puedo cambiar». Esa afirmación invalida la capacidad continua de aprendizaje y renovación con la que Dios nos creó.

En estos días invité a una pareja a una conferencia para matrimonios que íbamos a ofrecer en una iglesia, y me quedé sorprendida cuando el esposo me dijo que él no necesitaba asistir porque ya lo sabía todo. Esa es la actitud que nos daña y nos mantiene atadas a viejas y equivocadas maneras de pensar que, inevitablemente, perpetúan en nosotras, formas inapropiadas de vivir. Mientras tengamos vida, podemos crecer emocional, espiritual e intelectualmente, pero para lograrlo necesitamos sembrar en nuestro cerebro los pensamientos de bien que están en la Palabra de Dios, que a su vez generarán nuevas formas de conducta. El trabajo de hacer cambios en nuestras formas de vida no es tarea fácil ni es algo que se da automáticamente. Exige conciencia, requiere esfuerzo, dedicación y formación de nuevos hábitos que generarán nuevas estructuras de pensamientos, que a su vez producirán nuevos sentimientos que se convertirán en las nuevas acciones que te permitirán desarrollar una vida renovada y feliz.

El libro de Proverbios nos ofrece excelentes recomendaciones para vivir sabiamente:

> El prudente se anticipa al peligro y toma precauciones. El simplón avanza a ciegas y sufre las consecuencias.
>
> —Proverbios 22.3

El proverbista afirma que quien reflexiona antes de actuar es cauteloso porque identifica el peligro y puede alejarse de él, pero el insensato actúa sin pensar, sin considerar consecuencias ni peligros.

Amigas, es imprescindible que comprendamos profundamente el proverbio citado para que cada día nuestras acciones vayan sazonadas con la prudencia de Dios. No debemos olvidar nunca que todas las acciones generan un sinnúmero de consecuencias, sean para bien o para mal. Un ejemplo de ello es la mujer que al creer en las promesas que le hace un hombre, accede a tener relaciones sexuales sin casarse y queda embarazada. Cuando ella le comunica que está esperando un bebé suyo, el hombre le pide que se haga un aborto y ante la negativa de ella, él se desaparece para no asumir su responsabilidad paterna. Aunque la mujer se arrepienta de su error tendrá que cuidar y sostener a su hijo, suplir sus necesidades emocionales a la vez que las físicas y deberá estar preparada para dar respuestas sencillas a preguntas difíciles cuando el niño quiera saber quién es su papá y el porqué no lo busca. Esta mujer podrá arrepentirse de haber actuado fuera del orden social y divino, podrá salir airosa de la difícil encomienda de formar un buen hijo, pero no podrá borrar su bebé ni todos los esfuerzos que tendrá que hacer para cumplir con todas las responsabilidades que conlleva la situación. Otro ejemplo muy común es el de la jovencita que sale embarazada a los catorce o quince años. Aunque se arrepienta de ese paso tendrá que enfrentar el hecho de tener un bebé a temprana edad, con todas las obligaciones que esto impone. No puede decir: «Voy a devolver al bebé para eliminar ese paso equivocado que di». Otro error que podemos citar es el de la mujer que está en la cárcel porque mató a su esposo en un ataque de celos. Aunque se arrepienta, no podrá devolverle la vida y tendrá que enfrentar la justicia porque todos nuestros actos tienen repercusiones en nuestra vida y en la de nuestros seres queridos.

¿Quiere decir que no vale la pena arrepentirse? De ninguna manera. Vivir sin arrepentirnos de nuestros malos actos o sin perdonar a quien nos hace daño es estar muertas en vida. La única manera de crecer y evolucionar es a través del método de arrepentimiento y perdón que nos enseña Jesucristo en su Palabra, para poder vencer nuestras debilidades en las diferentes experiencias que tenemos que afrontar día a día. Es imprescindible arrepentirnos de nuestro mal proceder si queremos tener paz en nuestro corazón y, de esa forma, vivir en paz con Dios y con nosotras mismas. Lo que sí quiero dejar bien claro es que como cada acción acarrea unas consecuencias, cada paso que vayamos a dar en la vida requerirá un análisis minucioso de sus consecuencias a corto y a largo plazo. Muchas veces hasta necesitaremos escuchar la opinión de personas de respeto que nos hayan demostrado con su manera de vivir que han sido sabios en la toma de decisiones. Con todo y eso, en la vida nos equivocamos y siempre es imperativo arrepentirnos de nuestro mal proceder, pedir perdón a Dios y a quienes hayamos afectado con nuestra acción, perdonarnos a nosotras mismas y continuar el curso de nuestra vida cumpliendo cabalmente con las consecuencias que nos toque asumir, sin que estas se conviertan en una pesada carga de culpabilidad. Por el contrario, debemos comprender que esas consecuencias sufridas son parte de nuestro aprendizaje porque nos fijarán en nuestra memoria cómo la desobediencia a los principios, o a las leyes, nos pueden llevar hasta el punto de cambiar completamente el rumbo de nuestra vida. En lugar de quejarnos por las consecuencias que nos toca asumir, es de suma importancia evaluar la experiencia sufrida, para poder reconocer los errores cometidos y grabar en nuestro corazón las lecciones aprendidas. Así, no repetiremos el mismo error o tendremos menos posibilidades de repetirlo y la experiencia negativa nos ayudará a continuar formando nuestro carácter.

Nunca debes olvidar que siempre que necesites tomar una decisión es imprescindible evaluar las posibles consecuencias a corto y a largo plazo en tu vida y en la de tu familia, a la luz de las experiencias ya vividas. Teniendo siempre la precaución de que el pasado jamás se debe usar como un látigo para castigarte ni castigar a otros, sino para aprender, enmendar y construir un glorioso futuro. Veamos las consecuencias como parte del proceso de aprendizaje y no como un castigo.

Jamás debes olvidar que no importa cuán horrible haya sido tu acción, el amor de Dios es incondicional y siempre estará dispuesto a perdonarte. No obstante, también debes tener claro que la gracia y el favor de Dios abundan no para que actuemos equivocadamente una y otra vez, y digamos con despreocupación: «Como Dios siempre me va a perdonar, voy a vivir a mi manera y haré lo que quiera con mi vida, porque a fin de cuentas, Él nos regala siempre el perdón». La bendición del perdón de Dios nos ha sido otorgada para que aprendamos a ser agradecidas. El que Dios tenga una bondad infinita, no debe motivarnos a pecar sino a obedecerle. La bondad debe ser siempre un motivo de inspiración para la obediencia y no una licencia para vivir locamente. Crecí en un hogar con papá y mamá y cuatro hermanos. Soy la hija mayor. Mi papá era estricto, pero muy amoroso. Lo respetábamos, pero no le teníamos miedo porque sabíamos que siempre íbamos a disfrutar de su amor aunque nos reprendiera cuando cometíamos alguna falta. Cuando obedecemos por amor, y no por temor, nuestra vida florece y aprendemos a amar a otros y a tener misericordia cuando ellos también se equivocan. La fuerza del amor es superior y produce resultados extraordinarios que no se comparan jamás con los efectos que generan el odio y el resentimiento.

En el Salmo 32, se expresa la alegría que experimentamos cuando se nos perdona nuestra desobediencia y nuestros pecados se cubren con la misericordia divina, porque Dios nos ha perdonado y ha borrado nuestras culpas. En este pasaje bíblico se exalta la alegría que se siente cuando somos transparentes, porque hay congruencia entre lo que hablamos y lo que practicamos. Luego, el salmista describe cuánto él sufrió mientras mantuvo su pecado en secreto, porque se negó a confesarlo. Explica cómo en ese proceso se sintió desfallecer, lloraba todo el tiempo y perdió sus fuerzas. Ya no tenía deseos de vivir porque cuando no estamos en paz con Dios tampoco tenemos paz con nosotras mismas. Pero al fin, cuando decidió aceptar que había pecado, se humilló, lo confesó, sintió cómo Dios le perdonaba y vio desaparecer su culpa.

¡Oh, qué alegría para aquellos a quienes se les perdona la desobediencia, a quienes se les cubre su pecado! Sí, ¡qué alegría para aquellos a quienes el Señor les borró la culpa de su cuenta, los que llevan una vida de total transparencia! Mientras me negué a confesar mi pecado, mi cuerpo se consumió,

> y gemía todo el día. Día y noche tu mano de disciplina pesaba sobre mí; mi fuerza se evaporó como agua al calor del verano. Finalmente te confesé todos mis pecados y ya no intenté ocultar mi culpa. Me dije: «Le confesaré mis rebeliones al SEÑOR», ¡y tú me perdonaste! Toda mi culpa desapareció.
>
> —Salmo 32.1–5

La experiencia del perdón y la restauración ha sido tan bella y tan gratificante para el salmista que exhorta a todos los justos, entre los que estamos incluidos tú y yo, para que en el momento de angustia, cuando sentimos que no merecemos el perdón, clamemos a Dios, nos humillemos ante su presencia, y reconozcamos su poder para perdonarnos y para librarnos de la culpa. Perdonémonos a nosotras mismas, sintámonos amadas, perdonadas, protegidas y dirigidas a todo camino de verdad y de justicia.

> Por lo tanto, que todos los justos oren a ti, mientras aún haya tiempo, para que no se ahoguen en las desbordantes aguas del juicio. Pues tú eres mi escondite; me proteges de las dificultades y me rodeas con canciones de victoria. El SEÑOR dice: «Te guiaré por el mejor sendero para tu vida; te aconsejaré y velaré por ti. No seas como el mulo o el caballo, que no tienen entendimiento, que necesitan un freno y una brida para mantenerse controlados».
>
> —Salmo 32.6–9

El salmista termina advirtiéndonos que no imitemos al caballo ni al mulo, que no razonan ni pueden tomar decisiones, por tanto, no tienen control sobre su vida sino que otros son los que tienen que dirigir sus acciones, frenarlos y controlarlos. Nunca permitamos que el odio y el rencor se arraiguen en nuestra vida. No te dejes arrastrar por el odio, por ninguna circunstancia. Es vital que comprendas que cuando odias, esa persona contra la que sientes resentimiento es quien gobierna tus emociones. Alimentar el rencor hacia esa persona provoca que siempre la tengas presente en tus pensamientos, no importa cuán lejos esté.

Muchos son los dolores de los malvados, pero el amor inagotable rodea a los que confían en el SEÑOR. ¡Así que alégrense mucho en el SEÑOR y estén contentos, ustedes los que le obedecen! ¡Griten de alegría, ustedes de corazón puro!

—Salmo 32.10–11

Mi amiga querida, no importa cuán alejada hayas estado de la presencia de Dios, ni cuán bajo hayas caído moral y espiritualmente ni qué consecuencias estés experimentando, Dios te ama y está esperando que reconozcas tu pecado para perdonarte y librarte de toda culpa y condenación.

Si afirmamos que no tenemos pecado, nos engañamos a nosotros mismos y no tenemos

> la verdad. Si confesamos nuestros pecados, Dios, que es fiel y justo, nos los perdonará y nos limpiará de toda maldad. Si afirmamos que no hemos pecado, lo hacemos pasar por mentiroso y su palabra no habita en nosotros.
>
> —1 Juan 1.8–10 (NVI)

Decídete a confiar en Dios, reconoce tu pecado y humíllate delante de su presencia. Siente su perdón, vive conforme a su Palabra, deja el pasado atrás y camina con paso firme hacia el futuro, sabiendo que Él siempre nos perdona y nos levanta, no importa cuál haya sido el pecado que cometimos. Aprende de todas esas malas experiencias que has vivido, abandona el sentimiento de culpa y fortalece tu carácter. Repite hoy de todo corazón: «Lo que pasó, pasó. Me muevo confiada hacia un futuro lleno de esperanza porque Dios está conmigo».

CAPÍTULO 9

Lo que pasó, pasó . . .

Ahora no me quedo en el fracaso, adquiero sabiduría

La mayoría de los fracasos de las mujeres se pueden clasificar bajo el expediente llamado «Hombres». Hay quienes se sienten fracasadas porque ningún hombre se ha fijado en ellas. Conozco otras que sufren porque el esposo se fue de la casa, porque no es bueno con los hijos del matrimonio anterior de ella o porque llega tarde en las noches. Asimismo, a diario escucho alguna mujer en mi consulta como consejera de familia que se queja de que el novio la engaña, le roba, no es cariñoso, la maltrata física o emocionalmente, tiene vicio de drogas o de alcohol o no quiere a sus papás. Incluso hay quienes se sienten frustradas porque el hombre a quien amaban se murió. Definitivamente, son innumerables las experiencias en que la mujer se ha trazado unas expectativas que no llegan a materializarse en su relación con el hombre. ¡Cuánto sufren muchas mujeres por el ansia de tener a un hombre a su lado porque piensan que tener una relación de pareja es sinónimo de éxito y no tenerla significa fracaso! Es cierto que todas las experiencias mencionadas son tristes, pero no puedes permitir que esos tropiezos sean los que definan tu vida. Cuando te dejas dominar por la amargura te quedas postrada en el suelo, sin fuerzas para pensar en la capacidad creadora que Dios ha puesto en ti y en la fe para vencer la adversidad, entonces entras en el terreno del fracaso.

El verdadero fracaso es quedarte tirada en el piso, sin fuerzas para volver a empezar. Cuando el desaliento es mayor que la fe, la vida pierde todo sentido. Cuando nada te motiva a comenzar de nuevo y ya no puedes apreciar la luz del sol que te anuncia un nuevo día ni el canto de los pájaros que te gritan que eres alguien especial. Mi querida amiga, ninguna persona o circunstancia puede ser tan importante para ti que ocupe el lugar que le corresponde a Dios. Él debe ser el centro de nuestro sistema de vida y debemos girar siempre alrededor de Él, así como los planetas se mantienen girando alrededor del sol, aún cuando han ocurrido grandes desastres naturales a lo largo de la historia. El verdadero éxito se alcanza cuando nada ni nadie nos puede robar nuestra fe en Dios y podemos decir en medio de las dificultades:

Dios es nuestro amparo y fortaleza, nuestro pronto auxilio en las tribulaciones. Por tanto, no temeremos, aunque la tierra sea removida, y se traspasen los montes al corazón del mar; aunque bramen y se turben sus aguas, y tiemblen los montes a causa de su braveza.

—Salmo 46.1–3 (RVR1960)

Jamás olvides que Dios es nuestro amparo, nuestra defensa y nuestra fortaleza, no importa cuán lamentables sean las situaciones que estemos atravesando. Cuando hacemos nuestra esa Palabra, los aparentes fracasos que se presentan en nuestro camino, no nos destruyen sino que fortalecen nuestro carácter convirtiéndonos en mujeres triunfadoras que conocemos el poder que Dios ha puesto en nosotras.

Debemos saber que todas las mujeres, en algún momento de nuestras vidas, hemos experimentado eso que llamamos fracaso. Esa palabra tiene una connotación tan fuerte, que de sólo escucharla nos puede atemorizar, pero cuando leemos la definición que nos presenta el diccionario, nos damos cuenta de que el *fracaso* no es más que «cualquier resultado adverso que podamos confrontar».[1] Si partimos de lo que plantea esta definición, cualquier respuesta de la vida que no sea favorable o conforme a lo esperado podría considerarse un fracaso. Quiere decir que esa palabra, por obligación, debería estar en el diccionario mental de todo ser viviente que se considere productivo porque cualquier persona que emprenda una acción nueva tiene la posibilidad de enfrentar expectativas no esperadas ni deseadas. Los únicos que no experimentarán resultados adversos son los que yacen pacientemente en el cementerio porque ya ellos dejaron de vivir y perdieron la capacidad de emprender, actuar y tomar decisiones. Permanecen en un estado en el que ya no tienen la oportunidad de hacer cambios de ninguna índole, su tiempo de actuar ya terminó. Por eso me gusta mucho lo que el político británico, Winston Churchill, expresó sobre el fracaso: «El éxito es aprender a ir de fracaso en fracaso, sin desesperarse».[2] Mientras estés pasando por diversas experiencias que incluyen las excelentes, buenas, regulares y hasta las pésimas, significa que estás activa, trabajando y relacionándote con la gente.

De eso se trata la vida, de tomar decisiones y actuar. Pero cuando las cosas no salen como esperábamos, jamás debemos quedarnos inertes, tiradas en el piso compadeciéndonos de nosotras mismas. Cuando nuestras expectativas no se cumplen, lo importante es revisar nuestro sistema de pensamientos que incluye: los valores y convicciones que rigen nuestras acciones, el lugar que ocupa Dios en nuestra existencia, nuestras actitudes, el procedimiento que seguimos en la toma de decisiones y cómo actuamos en los diferentes escenarios de la vida. Debemos evaluar si la manera en que vivimos nos da como resultado más notas excelentes y buenas que deficientes; si son más los estados de satisfacción que las frustraciones y desengaños; si en nuestro ánimo predomina la esperanza o el desengaño. Estos indicadores nos permitirán reconocer si vivimos en el fracaso del pasado o si nos movemos en las alas de la fe en el presente, mientras construimos el futuro.

Sin duda alguna, en nuestro andar diario nos equivocamos muchas veces ya sea por falta de conocimiento, experiencia, madurez, o por falta de fe. No obstante, en lugar de sentirnos mal por nuestras equivocaciones, solo necesitamos detectar cuál es la deficiencia que estamos sufriendo e identificar qué podemos hacer para superarla. Fíjate en los automóviles modernos que están dirigidos por una computadora. Cuando deja de funcionar una pieza o algo no está trabajando de forma adecuada en el sistema, inmediatamente prende una luz roja en el tablero de los controles para indicarle a quien va manejando que debe llevar el vehículo a un técnico para que lea en la computadora cuál es la pieza que necesita reemplazarse. Si el automóvil tuviera la capacidad de razonar que tenemos los seres humanos, el proceso no sería igual de fácil, porque el automóvil comenzaría a pensar por qué se dañó, en que se equivocó, se sentiría culpable por haber dejado al dueño sin transportación y por haberle ocasionado un problema económico, posiblemente hasta se sentiría viejo e inservible. Si las cosas materiales que tenemos razonaran, no podríamos vivir en este mundo con la suma de las quejas y las frustraciones de estas y las de nosotras.

No, mi querida amiga, no podemos angustiarnos cuando lo que hemos hecho no nos ha salido como esperábamos. Si queremos salir victoriosas o exitosas en la vida necesitamos aprender de los fracasos y volver a intentar con paciencia aquello que deseamos lograr, sin repetir los mismos errores, para que nos sintamos satisfechas en la vida sin perder el deseo de caminar siempre hacia lo excelente. Pero, ¿cómo saber lo que es correcto, si vivimos en la era del relativismo en el que desde la belleza hasta asesinar a alguien se cataloga como bueno o malo dependiendo de las circunstancias? ¿Cómo tener la sabiduría para pensar, hablar y actuar con sensatez? La única forma es sometiendo nuestra voluntad ante lo que Dios manifiesta en su Palabra. Es innegable el poder y la verdad que encierra el siguiente versículo que viene a mi memoria:

> Ciertamente, yo soy la vid; ustedes son las ramas. Los que permanecen en mí y yo en ellos producirán mucho fruto porque, separados de mí, no pueden hacer nada.
>
> —Juan 15.5

En este pasaje, Jesucristo hace una analogía en la que compara la relación que hay entre la planta de uvas con su fruto y la relación de nosotras con Jesucristo. Así como los racimos de uvas no pueden crecer fuera del árbol, nosotros, los seres humanos, no podemos vivir ni dar buenos frutos desconectados de la presencia de Dios. Debemos ser fructíferos y de la única manera en que lo podemos lograr es teniendo esa dependencia con Cristo. Sin la conexión de nuestra vida a la de Dios, nuestro Creador, no tendremos la sabiduría ni la fortaleza necesarias para discernir qué es lo mejor para nuestra vida, y así poder vivir digna y plenamente.

> Sólo Dios puede hacerte sabio; sólo Dios puede darte conocimiento. Dios ayuda y protege a quienes son honrados y siempre hacen lo bueno. Dios cuida y protege a quienes siempre lo obedecen y se preocupan por el débil. Sólo él te hará entender lo que es bueno y justo, y lo que es siempre tratar a todos por igual. La sabiduría y el conocimiento llenarán tu vida de alegría. Piensa bien antes de actuar, y estarás bien protegido.
>
> —Proverbios 2.6–11 (TLA)

Dios es la fuente de la sabiduría, por tanto, Él es el único que nos puede dotar de ella. Para que podamos conocer lo que es correcto y justo, y seamos capaces de ver el camino que Él con Su amor nos ha trazado, el Señor sólo nos pide entrega y fidelidad. Cuando su sabiduría entra a nuestro corazón, aun cuando no se cumplan nuestras expectativas, nos sentimos seguras y confiadas en que Dios tiene un plan perfecto que, a pesar de nuestras imperfecciones, se cumplirá. Esa actitud es esperanzadora. Cuando deseo algo que no se cumple, después de haberme esforzado por alcanzarlo, siempre digo: «Si Dios lo hubiera querido, yo lo hubiera alcanzado». Así espero el próximo día con nuevas fuerzas y esperanzas, sabiendo que Dios está en control de mi vida.

No hay profesor en el mundo que pueda ofrecernos la sabiduría, el conocimiento, el amor, la conciencia de arrepentimiento, la protección, el camino a la integridad y el discernimiento entre el bien y el mal que Dios nos ofrece. El mundo está lleno de conocimiento intelectual y más aún ahora, con la multiplicación de recursos tecnológicos. Ese saber que adquirimos mediante el estudio, la lectura o la exposición a programas televisivos y radiales, a la prensa escrita, al cine o a la Internet, entre otros medios que constantemente nos exponen a más y más información, nos capacita para transmitir a otros los datos que vamos acumulando en nuestro cerebro. Ese traspaso de información, a su vez, sigue saturando a más personas de inteligencia, pero no de sabiduría. Fíjate que si la inteligencia que se desarrolla por conocimiento adquirido fuera sinónimo de sabiduría, las computadoras serían las más sabias del universo, pero no es así. Nosotras no somos computadoras que simplemente guardamos información, es menester que podamos aplicar ese conocimiento a las diferentes áreas de nuestra vida diaria y, para lograrlo, necesitamos la sabiduría que sólo viene de una estrecha comunión con Dios. Cuando escuchamos los noticiarios nos damos cuenta de que a pesar de todo ese conocimiento que las personas han podido desarrollar, se ha multiplicado la maldad, el desamor, la corrupción, la depresión y el suicidio. Esto indica que el conocimiento, por sí solo, no llena el espíritu que gime constantemente debido a su necesidad de conexión con su Creador. Por eso no basta con ser inteligente ni que hayamos tenido una excelente educación escolar y universitaria, lo más importante es ser sabia al reconocer a Dios como Señor nuestro y tener la conciencia de que somos creación suya. Eso te hará sentirte completa porque comprenderás que al ser la hija del Dios viviente no solo tendrás el amor y la bendición de tu Padre celestial, sino también el consejo que te capacitará para administrar tu vida espiritual, emocional y física con la sabiduría que solo Dios concede a quienes le buscan de corazón. Y como hija suya sabrás que en los brazos de ese Padre amoroso siempre estarás segura y protegida. De esa manera, Dios te llenará de alegría, te guiará para que tomes decisiones sabias y te dotará de las fuerzas necesarias para transformar aquellas acciones que en tu humanidad imperfecta hayas podido tomar sin calcular sus consecuencias.

En el libro de Proverbios, la Biblia nos señala que la base de la sabiduría es el temor a Dios. Pero es vital que tomes conciencia de que para respetarlo y obedecerlo, necesitas conocerlo. Y para saber cuáles son los pensamientos de Dios, y qué es lo quiere para nosotras, es imprescindible que leamos la Biblia. Dice Proverbios que conocer a Dios es la única forma de adquirir el buen juicio que nos hace sabias para vivir en rectitud. Es lamentable que muchas mujeres no reconozcan la importancia de establecer un vínculo permanente con su Creador. A veces me da la impresión de que las personas piensan que es Dios quien necesita de ellas.

Sin embargo, Proverbios nos explica claramente que si buscamos esa sabiduría nos beneficiamos nosotras, mientras que si no la procuramos, nos perjudicamos nosotras mismas. Es, precisamente, por mantenernos aislados de Dios que vemos a diario en nuestra sociedad tanto sufrimiento, asesinatos, crueldades e injusticias.

> El temor del SEÑOR es la base de la sabiduría. Conocer al Santo da por resultado el buen juicio. La sabiduría multiplicará tus días y dará más años a tu vida. Si te haces sabio, serás tú quien se beneficie. Si desprecias la sabiduría, serás tú quien sufra.
>
> —Proverbios 9.10–12

Si hoy te sientes fracasada porque no has obtenido de la vida los resultados que hubieras querido, en lugar de culpar a otros por eso, evalúa tu manera de vivir hasta ahora, no para culparte y añadir más dolor a tu existencia, sino para identificar cuál ha sido el error principal que has cometido. Reconocer esa falta es vital para tu desarrollo emocional y espiritual pues de esa debilidad de carácter es de donde se derivan todos los demás errores que te impiden alcanzar la felicidad y la paz. Me atrevo a asegurar que la raíz de todos los males identificados es la desobediencia a los principios divinos. Puedes estar visitando una iglesia, leer la Biblia, escuchar mensajes de restauración, pero si no has tomado la decisión de rendir tu voluntad ante la voluntad divina, no lograrás poner tu vida en orden. De la misma manera en que entrar a una carnicería no me convierte en una posta de lomillo, el hecho de visitar la iglesia no me convierte en una creyente fiel. Nos convertimos en hijas de Dios cuando nos rendimos ante su poder y hacemos su voluntad. Conocer la voluntad de nuestro Padre celestial nos libera de pensamientos equivocados. El famoso pastor, motivador y escritor, Norman Vincent Peale, narra en uno de sus libros que en una ocasión, mientras caminaba por una calle de Hong Kong, vio en la vitrina de uno de estos lugares que hacen tatuajes un mensaje que decía: «Nací para perder». Él se sorprendió tanto al leer aquellas palabras, que se detuvo a preguntarle al dependiente del lugar si alguna persona era capaz de tatuarse ese pensamiento sobre la piel. El hombre le contestó que antes de que alguien se grabe ese mensaje en su cuerpo, ya lo ha grabado en su mente.[3] Cuando conocemos nuestra verdadera identidad porque estamos conscientes de que independientemente de quien nos crió, lo importante es quien nos creó, jamás grabaremos ni en nuestro cuerpo ni en nuestra mente, y mucho menos en nuestro corazón, esos mensajes que nos llevan a la destrucción de los talentos con los que fuimos equipados por Dios.

Si descubres que todavía confías solo en tu propia opinión y no te has ocupado en conocer la de Dios, te invito a que lo hagas hoy. Él te está esperando como un padre amoroso espera a sus hijos con sus brazos abiertos, para marcarte el camino correcto a seguir y bendecirte.

Confía en el Señor con todo tu corazón, no dependas de tu propio entendimiento. Busca su voluntad en todo lo que hagas, y él te mostrará cuál camino tomar. No te dejes impresionar por tu propia sabiduría. En cambio, teme al Señor y aléjate del mal. Entonces dará salud a tu cuerpo y fortaleza a tus huesos.

—Proverbios 3.5–8

Es tiempo ya de levantarse y, con paso firme, seguir hacia adelante porque a fin de cuentas, lo que pasó, pasó. Ya no puedo devolverme al pasado ni quedarme anclada en el sufrimiento. Ahora necesito reverdecer y florecer.

CAPÍTULO 10

Lo que pasó, pasó . . .

Ahora abandono mi rol de víctima y sirvo de inspiración para otras mujeres

Vivimos en la era de las víctimas. Por un lado, la mujer exige tener los mismos derechos que el hombre, demanda igualdad de oportunidades y reclama casi a gritos que tiene todas las capacidades y la fuerza necesaria para hacerle frente a la vida, al igual que según ella hacen los hombres. En contraste con la actitud de esas mujeres que van por la vida pregonando sus reclamos de autonomía y liberación femenina por encima de lo que sea, está la conducta, aparentemente sumisa, de tantas que se han victimizado. En su telenovela mental, ven que la raíz de todos sus males son los hombres y en esa eterna fantasía, ellas son solo las pobrecitas víctimas de la situación social y de sus circunstancias. Es como si la mujer hubiera venido a este mundo amarrada de pies y brazos, y no pudiera hacer absolutamente nada para salir de la condición negativa que ha experimentado en su caminar por la vida.

Mujeres, es necesario salir de la creencia equivocada de que somos víctimas inocentes que hemos venido a este mundo a sufrir porque carecemos de la fuerza, la habilidad y la visión para desempeñar otro rol que no sea el de mártires. Según el diccionario, una *víctima* es una «persona que padece daño por culpa ajena o por causa fortuita».[1] Significa que la persona en cuestión —la víctima— está padeciendo una situación porque alguien le ocasionó algún mal o porque recibió un daño no programado o casual. En nuestra expresión diaria decimos que alguien es una víctima cuando acostumbra a quejarse, tiene pena de sí misma y el objetivo que persigue es que todos le tengan lástima. Son esas mujeres quienes consciente o inconscientemente, aspiran a que los demás les digan: «pobrecita ________». El espacio que te dejé en blanco es para que lo llenes con todos los nombres de mujeres que lleguen a tu memoria porque las tienes etiquetadas en tu mente como «pobrecita ________». Todas las amigas, hermanas, primas, vecinas o compañeras de trabajo que han desfilado por tu pensamiento son víctimas. Lo más triste es que ese estado de victimización tiene la trágica consecuencia de que la mujer siente que no se puede salir de ahí. Cree que está confinada a un estado de tristeza y angustia que, a su parecer, llegó «en paracaídas», entró en su corazón y una vez adentro, le quitó las fuerzas, la esperanza y todas las posibilidades de salir del círculo vicioso de la víctima. Ella piensa, genuinamente, que lo que le pasó llegó desde afuera. Como a su juicio ella no lo buscó, no sabe qué hacer para librarse de eso. Así la mujer perpetúa el sufrimiento y padece toda su vida un calvario sin atreverse a usar el poder que Dios le ofrece a toda aquella persona que se lo pida. Asimismo, se priva de usar la creatividad que Él mismo puso en nuestras vidas cuando nos creó a Su imagen y semejanza. Si la mujer se mantiene en ese estado mental, lo único que logra proyectar es tristeza, temor, inseguridad, impotencia, desconfianza y carencia de dirección.

¿Cómo puede salir la víctima de nuestro corazón para que logremos convertirnos en mujeres firmes y decididas que no nos dejamos amedrentar por los problemas o situaciones adversas que nos puedan acontecer en cualquier momento? Debemos reconocer cuál es nuestra verdadera identidad: «Soy hija del Dios viviente, quien me creó con Su amor para un propósito especial, por tanto, soy valiosa». Como la mujer especial que eres, debes evaluarte a la luz de esa declaración que acabas de hacer. Pregúntate: «¿Cómo pienso? ¿Cómo hablo? ¿Cómo actúo? ¿Cómo trato a mi familia? ¿Qué vocabulario selecciono para comunicarme con ellos? ¿Qué concepto tengo de Dios y de su Palabra registrada en la Biblia? ¿Cuál es la calidad de mi relación con Dios?»

Nuestra vida es un fiel reflejo del valor que nos adjudicamos. No obstante, son muchas las mujeres que viven conforme al valor que otros le adjudicaron en su proceso de desarrollo y, desgraciadamente, el mensaje que recibieron y que grabaron en su corazón fue muy negativo. Esa actitud negativa que asimilaron y continúan practicando lo que hace es honrar y perpetuar el pasado. Aunque para algunas personas esto suene extraño, hay quienes honran las malas experiencias del pasado. Conviene que seamos conscientes de que solo debemos honrar lo que es bueno para nuestro desarrollo espiritual y emocional; aquello que promueve nuestra superación personal. En lugar de poner nuestra atención en las situaciones dolorosas del pasado, conviene que rechacemos todo lo que nos aleja de nuestra paz y de la obediencia a Dios. Esta ha sido la clave de mi éxito personal y profesional.

Ahora deseo que consideres las instrucciones que contribuyeron a estructurar mi vida desde que tenía diecisiete años. Las directrices que ayudaron a formar mi carácter están contenidas en el siguiente pasaje bíblico.

> Así que humíllense delante de Dios. Resistan al diablo, y él huirá de ustedes. Acérquense a Dios, y Dios se acercará a ustedes. Lávense las manos, pecadores; purifiquen su corazón, porque su lealtad está dividida entre Dios y el mundo.

> Derramen lágrimas por lo que han hecho. Que haya lamento y profundo dolor. Que haya llanto en lugar de risa y tristeza en lugar de alegría. Humíllense delante del Señor, y él los levantará con honor.
>
> —Santiago 4.7–10

Dios anhela que nos acerquemos a Él y le cedamos nuestra voluntad equivocada para aceptar la suya que es perfecta. Al rendirnos ante Dios, le permitimos que bendiga nuestra vida. Si nos acercamos a Él, la promesa es clara: Dios se acercará a nosotras y así no nos quedaremos en nuestra insuficiencia humana ni en nuestra debilidad sino que adquiriremos la fortaleza y la provisión que provienen de Su amor perfecto. El mandato a lavar nuestras manos y purificar nuestro corazón nos dirige a que tengamos la voluntad de apartarnos del mal, de todo aquello que nos corrompe, aunque socialmente ese tipo de conducta se acepte y hasta se promueva. Y por último, este pasaje bíblico nos invita a que haya un arrepentimiento genuino en nuestro corazón. Por eso nos exhorta a que nuestro arrepentimiento sea tan profundo que lloremos delante de su presencia, porque Dios nos recompensará ese acto de humillación, poniéndonos en alto.

Ahora examina tu corazón y analiza tu pasado solo para extraer lo bueno; aquello que te resulte provechoso para crear un archivo de experiencias que te ayudarán a tomar mejores decisiones en el futuro. Una vez elijas lo que te sirve, deshecha lo malo; todo aquello que te hace sufrir, te deprime o te vuelve iracunda. La vida es muy corta para pasársela dedicándole atención a lo que nos daña y nos amarga. Comienza a experimentar una nueva vida y disfruta de todo lo que Dios tiene para ti desde hoy en adelante pues «lo que pasó, ya pasó». Tú puedes lograrlo con la ayuda de Dios. De esta manera te convertirás en una persona que inspira a otros por tu capacidad para renovar tu forma de pensar y tu manera de vivir. Serás de inspiración no solo para otros sino para ti misma porque reconocerás el valor que tuviste para asumir tu responsabilidad y superar el pasado, en medio de la adversidad. Te sentirás orgullosa porque decidiste usar las cenizas del pasado para fertilizar el presente y construir así un mañana fructífero. Además, experimentarás tu poder espiritual porque en lugar de quedarte atada a las circunstancias aprovechaste el reto que se te presentó en la vida para reconocer que Dios nos ha dotado de todo lo que necesitamos para liberarnos del pasado y de la culpa. Por todas esas razones te convertirás en inspiración para todos. ¡Te felicito!

CAPÍTULO 11

Lo que pasó, pasó . . .

Ahora camino adelante, siempre adelante

*Hace cuarenta y siete años leí la novela Marianela, del escri*tor español Benito Pérez Galdós.[1] Apenas tenía doce años y, por lo general, en esos tiempos no se tiene conciencia de la mayoría de los asuntos que verdaderamente tienen trascendencia en la vida como lo son: el paso del tiempo, las consecuencias que tienen nuestros actos y la importancia de la familia, entre otros valores. Pero no sé por qué siempre estuve consciente de la fragilidad de la vida y de cuánto debía de cuidarla porque el tiempo iba marcando mis pasos y no quería cometer faltas que me dañaran a mí o a los demás. Para mí era muy importante respetar la imagen de mi papá. Sentía que lo que yo hiciera hablaba de él, y todo el tiempo tenía presente que la unión entre mis hermanos y yo jamás se debería afectar por nada en el mundo. Mi mamá se encargó de escribir en nuestros corazones, con la tinta permanente del amor, que la familia siempre se tenía que amar. Ese «siempre» fue y es hasta el día de hoy «siempre», no había condiciones para mantenernos unidos. Guardo muchos buenos recuerdos de esa época y aunque mi esposo suele decir que no le gustaría volver a la juventud para nada porque a él nunca le ha atraído ni el pasado ni las antigüedades, te confieso, aquí entre nosotras, que si Dios me diera la oportunidad de estar por lo menos un día en la escuela en que estudié, me encantaría volver a vivir esa experiencia porque fueron años preciosos que disfruté plenamente.

¡Cuántas veces ignoramos lo mucho que puede influenciarnos lo que leemos! Creo que no estamos conscientes de la cantidad de palabras y frases que quedan grabadas en nuestros pensamientos y nos impulsan o nos retrasan, de acuerdo a la calidad que tenga el escrito. Lo curioso de la vida es que asimilamos información que ni siquiera sabemos que está ahí, en nuestra memoria y, para mí, la lectura de la novela *Marianela* fue una de esas experiencias que se quedan grabadas para siempre. La clase de español me fascinaba y aunque algunos de mis compañeros se leían solamente el principio, la mitad y el final de las obras que nos asignaba la maestra, ese jamás fue mi modo de actuar. Norma Marrero Cartagena se leía la novela completa, se sumergía en la trama y reía y lloraba con los personajes. No sé si ya era una consejera en potencia, es muy probable que así fuera. De esos bellos recuerdos que guardo en mi corazón viene a mi memoria una frase que sé que la leí en la novela *Marianela*, pero no recordaba ni el personaje que la había dicho ni el contexto en que la había usado. No obstante, han sido palabras dulces a mi espíritu y a mi corazón, que me emocionan, me llenan de ánimo, de aliento y entusiasmo por la vida, a pesar de los obstáculos que he encontrado en el camino. Esa frase que me cautivó cuando apenas era una adolescente fue: «Adelante, siempre adelante».

Hoy, mientras pensaba cómo animarte y tocar tu corazón, decidí buscar en esa novela, que leí hace cuarenta y siete años, el contexto en el que fueron dichas esas simples, pero profundas palabras, y al releerlas descubrí que seguirán siendo unas de mis favoritas. En el contexto que se dice esta frase, uno de los personajes principales, el doctor Teodoro Golfín, estaba buscando una dirección, siguiendo las instrucciones que le habían dado unos aldeanos. Y aunque en distintos momentos de su travesía se sintió perdido, y hasta llegó a preguntarse si debía desandar lo andado, él se mantuvo caminando hacia adelante porque confiaba en que si seguía sin vacilar las instrucciones que le habían dado de *que marchara adelante, siempre adelante*,[2] llegaría a su destino.

Posiblemente hoy te sientes perdida y sin dirección; no sabes qué rumbo debes tomar. Tal vez estás desesperanzada y sin fuerzas. Sin embargo, hoy quiero decirte, en el nombre del Dios que todo lo puede: «Adelante, siempre adelante». Dios está contigo para levantarte y abrirte los ojos de la fe; para que en las encrucijadas que se te presenten en el camino veas puertas que se abren y posibles soluciones a tus conflictos. Siempre le digo a la gente que los libros de matemáticas están llenos de problemas y todos tienen solución. Lo mismo ocurre con los conflictos que se nos presentan en la vida, pues aunque haya algunos que no sepamos resolver, lo cierto es que todos tienen solución. Para encontrar el modo correcto de resolver esos problemas que nos abruman, necesitamos buscar ayuda espiritual y a veces profesional hasta que podamos ver soluciones que nosotras solas no veíamos.

No me canso de repetirles que somos responsables de la calidad de vida que estemos viviendo. Demasiadas mujeres están esperando ser felices cuando todos sus asuntos estén resueltos. Mis queridas amigas, este mundo jamás será perfecto. La perfección la encontraremos cuando veamos cara a cara a Dios. Lo que sí podemos lograr es vivir en armonía con Dios, con la gente y con nosotras mismas. Anhelo que comprendan que si tenemos comunión con Dios, confiamos en su presencia, creemos las promesas que Él nos ha dejado en su Palabra y vivimos obedeciéndolas, podemos enfrentar las imperfecciones del mundo y las nuestras, y salir victoriosas. La Palabra de Dios nos ordena a eliminar todo el peso que nos está impidiendo avanzar en nuestra carrera por la vida.

Por lo tanto, ya que estamos rodeados por una enorme multitud de testigos de la vida de fe, quitémonos todo peso que nos impida correr,

> especialmente el pecado que tan fácilmente nos hace tropezar. Y corramos con perseverancia la carrera que Dios nos ha puesto por delante. Esto lo hacemos al fijar la mirada en Jesús, el campeón que inicia y perfecciona nuestra fe.
>
> —Hebreos 12.1–2

Fíjate que Él no nos puso a correr hacia atrás sino hacia adelante. Somos corredoras, y a ninguna atleta se le ocurriría participar en un maratón cargando algo pesado. Por el contrario, la atleta se desprende de todo peso innecesario para estar liviana y poder llegar triunfante a la meta. El pasado es una carga muy pesada que muchas se empeñan en arrastrar durante la carrera de su vida. Esto les impide alcanzar su máxima realización y las priva de vivir a plenitud. Dios mismo nos dirige siempre a vencer los imposibles cuando nos dice:

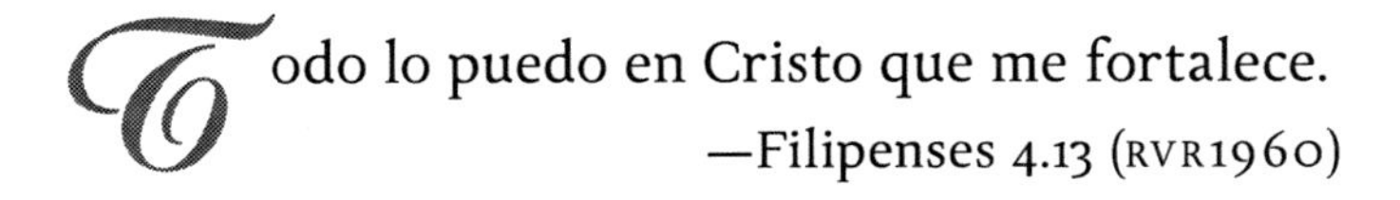

> Todo lo puedo en Cristo que me fortalece.
>
> —Filipenses 4.13 (RVR1960)

Cuando tenemos esa convicción, pase lo que pase, estamos seguras de que Él suplirá toda la fuerza y entereza necesarias para enfrentar cualquier situación. Decídete hoy a abrir el cajón donde guardas los recuerdos que te atormentan y no te dejan vivir. Lo que esté en tus manos hacer para resolver cualquier situación que te impida ser feliz, hazlo. Y todo lo que no esté en tus manos resolver suéltalo, no te aferres a ese recuerdo ni te empeñes en vivir una relación que te martiriza, te daña y fermenta tu vida.

> Dios tiene poder para hacer mucho más de lo que le pedimos. ¡Ni siquiera podemos imaginar lo que Dios puede hacer para ayudarnos con su poder! Todos los que pertenecemos a la iglesia de Cristo, debemos alabarlo por siempre. Amén.
>
> —Efesios 3.20–21 (TLA)

Suelta cualquier situación que pueda tenerte agobiada en este preciso instante y conviértete en una mujer sana espiritual y emocionalmente que pueda decir con libertad: «Lo que pasó, pasó». Dios, quien nos conoce porque nos creó, exhorta a su pueblo a no vivir en el pasado sino que vivamos cada día esperando una bendición nueva.

> Y ahora, Dios le dice a su pueblo: No recuerden ni piensen más en las cosas del pasado. Yo voy a hacer algo nuevo, y ya he empezado a hacerlo. Estoy abriendo un camino en el desierto y haré brotar ríos en la tierra seca.
>
> —Isaías 43.18–19 (TLA)

Dios no quiere que vivamos de malos ni de buenos recuerdos. A Él no le agrada que nos martiricemos pensando en los errores que hemos cometido ni en las ofensas que nos hayan hecho, pero tampoco quiere que nos quedemos inactivos viviendo de glorias pasadas. Dios desea que disfrutemos de una vida emocional y espiritual sana, que cada día resolvamos lo que humanamente podamos y que esperemos con fe algo extraordinario cuando nos encontremos con alguna situación que no esté en nuestras manos solucionar. Por eso, Dios exhorta al pueblo de Israel a que olviden las cosas pasadas, tanto los momentos difíciles en que vivieron el sufrimiento de la esclavitud, como los días felices en que disfrutaron de la liberación que Él les dio. En lugar de vivir del recuerdo, les insta a que esperen día a día bendiciones nuevas de su parte. Ese mismo consejo nos lo da a nosotras para que seamos mujeres fuertes y firmes que no nos quedamos en el pasado.

No me gusta recordar lo malo ni lo triste, pero los momentos bellos los llevo en mi corazón y de vez en cuando los saco a pasear y los disfruto. Eso no quiere decir que vayamos a dejar de vivir nuestro presente como el crear nuevos proyectos, trabajar o relacionarnos con los demás, por quedarnos viviendo de nuestras glorias pasadas. Es absurdo pensar y creer que todo tiempo pasado fue mejor, porque se sabe que con el paso de los años, tendemos a idealizar y a editar los recuerdos. Conviene tener claro que esta distorsión de los recuerdos ocurre de manera inconsciente. Alix Kirsta, una periodista londinense dedicada a trabajos investigativos y autora de varios libros, publicó en la revista *Selecciones* un artículo titulado: «¿Confías en tu memoria?», en el que afirma que los recuerdos se alteran con el paso del tiempo.[3] En esta reseña periodística, la escritora cita estudios recientes que han revelado que, aparentemente, es muy común tener falsos recuerdos de sucesos importantes. Como resultado de esas investigaciones ahora se cuestiona seriamente la teoría de que los recuerdos de los sucesos son registros fieles de los hechos, muy parecidos a una foto o un vídeo. A juzgar por los hallazgos de trabajos investigativos en los que se han entrevistado a muchas personas con relación a lo que recuerdan de sucesos muy conocidos, se ha observado de forma reiterada, que los recuerdos cambian con el tiempo. La autora explica que del estudio se desprende un hallazgo que ella considera perturbador: «Podríamos tener recuerdos de experiencias personales que nunca ocurrieron en la realidad». Elizabeth Loftus, una de las máximas autoridades mundiales en la investigación del funcionamiento de la memoria ha comprobado que es muy fácil implantar en los adultos supuestos recuerdos de la infancia, tales como, el incesto y el abuso sexual. Otro hallazgo interesante de estas investigaciones es que casi todos los recuerdos, especialmente los vinculados con emociones fuertes, experimentan cambios sutiles y frecuentes con el tiempo. Esto quiere decir que hasta el pasado puede jugar con nuestra memoria y podemos estar perturbados incluso por algo que realmente no pasó.

Cada época de nuestra vida tiene sus encantos. Lo importante es vivir a conciencia cada etapa sin estar deseando regresar al pasado para recrear sucesos que no volverán a ocurrir o fantasear con momentos futuros que, lo más seguro, no sucederán jamás. Es de sabios comprender que el mejor momento que estamos viviendo es el presente, porque solo en el hoy podemos hacer cambios, tomar decisiones y planificar para próximas etapas. El presente es acción. Con el pasado ya no podemos hacer nada porque ya la imagen está fija, no tiene movimiento. Los que viven contándole a todos sus glorias pasadas, se quedan en otra época y pierden el deseo de trabajar para crear y transformar el presente. De la misma manera, quienes se quedan rumiando las penas sufridas o los errores cometidos en el pasado, no se dan la oportunidad de vivir experiencias positivas en el presente.

Vivir en el pasado es quedarnos atascados en el tiempo. Es ver un reloj todos los días en la misma hora. Así como el reloj no puede girar sus manecillas hacia la izquierda, nosotras no podemos ir por la vida mirando hacia atrás. Pasarnos con la mirada puesta en el ayer es como caminar o correr hacia el frente mirando hacia atrás. Así no se llegará muy lejos y pronto la atleta caerá al piso porque es como conducir un automóvil con la mirada fija en el espejo retrovisor, pronto tendremos un accidente.

En la carrera de la vida debemos enfocarnos en el camino que tenemos por delante, puestos los ojos en Aquel que perdona nuestros errores y pecados, quien nos levanta cuando caemos, quien nos da la sabiduría cuando nos falta, el que nos anima cuando nos desalentamos y quien ha prometido estar con nosotros todos los días de nuestra vida hasta el fin. Ese es nuestro poderoso y amoroso Dios. Por tal razón debemos vivir cada día con alegría y esperar un milagro mientras estamos ejecutando lo que humanamente nos corresponde hacer.

La vida es como una película en la que el director dice: «Acción» y comienza el rodaje. Ya Dios nos dio la señal y espera nuestra acción porque Él hará lo que tú y yo somos incapaces de realizar. Él es nuestro Padre amoroso que anhela que nos desarrollemos en todas las áreas, pero es tan tierno que nos sigue de cerca para ayudarnos en cada detalle que necesitemos. Lo único que nos pide es entregarnos a su presencia de todo corazón, obedecer su voluntad y confiar plenamente en que Él nunca nos dejará solas, siempre nos perdonará y nos amará. De la misma manera que Él nos perdona y nos ama, nosotras debemos perdonarnos y perdonar a los demás. Solo así podremos vivir plenamente nuestra vida a pesar de las dificultades.

Dejemos el pasado atrás y caminemos por la vida adelante, siempre adelante, porque «lo que pasó, pasó».

CAPÍTULO 12

Lo que pasó, pasó . . .

Ahora tengo entusiasmo

Siempre me han gustado las historias que encierran una enseñanza porque permanecen vivas en nuestro recuerdo para siempre. Hay una en particular que leí en el libro *Sopa de pollo para el alma de la mujer* y que resumiré para ilustrarles cómo, sin darnos cuenta, proyectamos aquello que se encuentra en nuestro interior. Se llama «Historia en dos ciudades» y recoge una realidad que puedo ver a diario en mi práctica como consejera de familia. Cuenta la narración que un viajero que se aproximaba a una gran ciudad le preguntó a una mujer cómo era la gente de esa ciudad que pronto conocería. En lugar de contestarle, la mujer le preguntó cómo era la gente del sitio de donde él venía. El hombre le contestó con una actitud muy negativa, explicándole que las personas eran mezquinas, detestables y que no se podía confiar en ellas. La mujer entonces le contestó que eso mismo encontraría en la ciudad que iba a visitar. Más tarde, se acercó otro viajero a la mujer y le hizo la misma pregunta que el anterior y ella le contestó haciéndole la misma pregunta: «¿Cómo es la gente del lugar de donde usted procede?» Este segundo hombre, lleno de entusiasmo y alegría, le contestó que la gente de la ciudad donde él vivía era: «maravillosa, honesta, trabajadora y extremadamente generosa» y añadió que por esa razón lamentaba tanto el haber tenido que salir de su ciudad. Aquella mujer le respondió, con mucha seguridad, que encontraría esa misma clase de gente en la ciudad que muy pronto conocería. Como ves, las preguntas eran iguales, pero las contestaciones fueron diametralmente opuestas.[1]

El mensaje que nos comunica esta historia es que no vemos las cosas como son, sino como somos. De acuerdo a la calidad de vida emocional y espiritual que tengamos, interpretaremos las acciones de los demás, evaluaremos el pasado, apreciaremos el presente y construiremos nuestro futuro.

Por lo general, la mujer vive interpretando las actitudes y las emociones de los demás. La razón de este comportamiento es sencilla, tal como lo explica la psiquiatra Louann Brizendine en su libro *El cerebro femenino*: «La primera cosa que el cerebro femenino induce a hacer a una bebé es estudiar los rostros».[2] La doctora Brizendine afirma que desde que la mujer nace está interesada en la expresión emocional, a tal punto que se interpreta a sí misma de acuerdo a las miradas, al contacto y a cualquier otra reacción de la gente con quien se relaciona.[3] Esto significa que desde que nacemos, vamos recogiendo información de las expresiones que manifiestan las personas que están cerca de nosotras, comenzando por los padres o quienes nos criaron, hasta aquellos que se relacionan a menudo con nosotras, aunque no sean miembros de nuestra familia. Es como si estuviéramos haciendo un trabajo de investigación en el que diariamente escribimos lo que observamos y al final, de acuerdo con todas las observaciones recopiladas, llegamos a unas conclusiones. Desde niñas hemos archivado en nuestro subconsciente todas esas expresiones que veíamos en los demás y de ahí sacamos las conclusiones de cuál es nuestra identidad, cuán valiosas somos, si nos consideramos dignas de ser amadas o si, por el contrario, pensamos que somos insoportables, que valemos poco, o que vinimos a este mundo a sufrir y a pasar sinsabores. Según Brizendine, durante los primeros tres meses de vida las habilidades de una niña en contacto visual y en observación facial irán creciendo en un 400%, mientras que en el varón la aptitud para examinar rostros no se desarrolla durante ese tiempo.[4] La psiquiatra expresa: «Si puedes leer caras y voces, puedes decir lo que necesita un niño».[5] Dios nos equipó para ser madres. Leemos a nuestros hijos de tal manera que sabemos si están tristes, alegres, preocupados, frustrados o si nos están ocultando algún problema. Así mismo hacemos con otras personas en nuestras relaciones interpersonales. Nos identificamos tanto con el dolor de los demás que muchas veces quisiéramos salvar a la humanidad entera. Esa sensibilidad nos beneficia porque nos fortalecemos espiritualmente cuando servimos a nuestro prójimo. Pero si no estamos alertas, nos perjudica porque podemos quedarnos atrapadas en las amarguras y sufrimientos que pasan los demás. Es necesario tener empatía, pero no fusionarnos con la persona ni volvernos codependientes. Empatía es llegar a tocar el corazón de los demás, pero sin quedar atrapadas en él. En un estudio hecho en la Universidad de Stanford, un grupo de voluntarios compuesto por hombres y mujeres fueron expuestos a imágenes emotivas mientras especialistas escaneaban sus cerebros. Los resultados revelaron que ante los estímulos emotivos, en las mujeres se encendieron nueve áreas diferentes del cerebro mientras que en los hombres solo se activaron dos.[6] La psiquiatra comenta que la investigación también demostró que las mujeres recuerdan los acontecimientos emocionales con lujo de detalles en las primeras citas así como en discusiones graves, y las mantienen vivas en el recuerdo durante más tiempo que los hombres. Ese predominio de las emociones en la estructura cerebral de la mujer es lo que hace que a ellas se les haga tan difícil deshacerse del pasado y perdonarse a sí mismas cuando se equivocan.

Puedes imaginarte cuánto influye el pasado en nuestra vida presente y cuánto, a su vez, influye el presente en el desarrollo de nuestro futuro. Un estado nos lleva al otro, así que es necesario que evalúes tu pasado, no para justificarte ni para victimizarte y menos aún para atormentarte. Es imprescindible que lo hagas para que descubras por qué en el presente vives amargada, frustrada, sin valorarte, pensando que eres una mancha oscura en la creación perfecta de Dios, sin percatarte de que ese falso concepto lo has elaborado tú misma con la interpretación de todos los gestos y miradas que hacían las personas que estaban cerca de ti. Ellos jamás pensaron que desde que naciste estabas leyendo e interpretando sus emociones ni que las ibas apuntando en tu subconsciente y mucho menos que se traducirían más tarde en el concepto que tienes de ti misma y de los demás. Todo ese insumo contribuyó al desarrollo de tu visión de la vida: cómo te ves a ti misma y cómo ves a los demás, qué concepto tienes de Dios y de la espiritualidad, cómo resuelves los problemas, qué debes hacer cuando te equivocas y qué actitud debes asumir cuando otros se equivocan contigo, cuál es la mentalidad que tienes sobre el pasado que ya no vuelve, cómo manejas las situaciones en que alguien no te quiere perdonar, de qué derivas tu valor y cuál es tu verdadera identidad.

¿Qué clase de información has archivado en tu corazón desde que naciste? Cuando la información que recogiste desde tu nacimiento al hacer la lectura de las emociones de los demás fue positiva porque te expresaban alegría, amor, te reían las gracias, celebraban todo lo nuevo que aprendías, te besaban y te abrazaban, llegaste a la conclusión de que eras valiosa, aceptada y amada por tu familia. Además, concluiste que en este mundo hay gente en quienes se puede confiar, y que tú posees la capacidad para vencer las dificultades, porque cuando nos sentimos amadas y aceptadas, desarrollamos seguridad en nosotras mismas. Pero si la lectura de emociones que hiciste durante tus años de formación fue negativa, de contienda, de abuso físico, emocional o sexual, de crítica, carencia de amor, entre tantas otras emociones dañinas; el concepto que construiste de ti, de los demás, del mundo, de las relaciones interpersonales y del amor, será horrible, porque pensarás que si así fue tu familia, que se supone que te amara y te protegiera y no lo hizo, entonces nadie te querrá ni te adjudicará valor. Pensarás, equivocadamente, que todo el mundo está contaminado y no hay nadie que sea sincero y tampoco existe alguien en quien se pueda confiar. ¡Te estás haciendo daño por lo que otros, que no tuvieron conciencia ni se sintieron amados, te transmitieron!

El hecho de alentar esos pensamientos equivocados todos los días, rumiándolos una y otra vez, es lo que te hace perpetuar el pasado. El ayer se convierte en un par de lentes a través del cual ves y evalúas la realidad, sin darte cuenta de que esos lentes están rayados, sucios y maltrechos, razón por la cual lo que ves no es la realidad, sino tu percepción borrosa y distorsionada de la verdad.

La mujer de la historia que te narré al principio, siempre le preguntaba al viajero: «¿Cómo es la ciudad de donde vienes?» Y yo te hago una variante de esa misma pregunta para que puedas analizarte y, de esa forma, identificar y corregir posibles ideas equivocadas que archivaste y te están haciendo mucho daño: «¿De qué hogar vienes, cómo era la gente que vivía contigo, qué te enseñaron?» Porque de acuerdo al concepto que tienes de ti, así verás a las demás personas. Por eso es tan importante saber cómo era la gente de la familia en la que naciste y te criaste.

La Biblia expresa este mismo pensamiento cuando dice que para quien está atribulado, todos los días son tristes, pero para quien está feliz, cada día es una fiesta. Por eso, quien se siente feliz porque sabe cuál es su identidad y se acepta a sí mismo, actuará con entusiasmo y alegría conforme a la satisfacción que tenga en su corazón y vivirá como si la vida fuera un banquete eterno.

> Para el que anda triste, todos los días son malos; para el que anda feliz, todos los días son alegres.
>
> —Proverbios 15.15 (TLA)

La atmósfera que se percibe en un banquete es de fiesta y de alegría, pero eso no quiere decir que todo sea perfecto: se pueden derramar accidentalmente vasos de agua o alimentos que arruinen la limpieza y la decoración del lugar donde se está haciendo la celebración y hasta la vestimenta de algunos de los invitados; pero inmediatamente se busca solución y la fiesta continúa. Nuestra vida jamás debe sumirse en la depresión o el desasosiego porque en nuestra fiesta pasó un incidente lamentable. El problema no está en los días ni en las dificultades que se nos presentan sino en la actitud que asumimos ante lo que nos ocurre. Una persona que siempre manifiesta una postura negativa, puede ver todo en oscuridad y sombras aunque esté brillando el sol. Mientras tanto, aquellas que acostumbran adoptar una actitud positiva frente a todo lo que les ocurre, pueden ver el sol brillar aún en el día más oscuro. Y es que quienes son optimistas reconocen los problemas, pero tienen la seguridad de que todo tiene solución. Jamás debemos permitir que nada ni nadie interrumpa la celebración de la vida que Dios nos regaló. Corrijamos lo que esté en nuestras manos hacer y sigamos hacia adelante con mucho entusiasmo.

La palabra *entusiasmo* es la que marca la diferencia en todo lo que hacemos. Conocer la raíz de donde se origina este vocablo, todavía nos da más fuerza espiritual. Y es que la palabra *entusiasmo* proviene del griego *en*, adentro; *theos*, Dios. Por eso, al individuo que tiene entusiasmo se le define como una «persona inspirada por Dios».[7] Esto significa que para experimentar entusiasmo, necesitamos tener a Dios dentro de nuestro ser. Es vital comprender esto porque esta cualidad no viene de afuera ni se puede comprar en ningún lugar ni nos la pueden inyectar; proviene de muy adentro y nos brinda todos los componentes que nos hacen vivir victoriosas. Tener a Dios adentro es apoderarnos de su amor, de su fuerza, llenarnos de valentía, de gozo y de optimismo. Es decir a viva voz, no importa cuál haya sido nuestro pasado ni el horror que hayamos cometido ni la excelente oportunidad que hayamos perdido: «Dios es mi fuerza». Esto lo confirma su Palabra cuando dice:

Pues todo lo puedo hacer por medio de Cristo, quien me da las fuerzas.

—Filipenses 4.13

Todo lo que te he dicho ha sido mi experiencia. En los momentos más tristes y difíciles de mi vida, tener entusiasmo; es decir, tener a Dios dentro de mí, ha sido el motor que me ha mantenido con fuerzas y me ha impulsado a vivir, a ver soluciones, a actuar y dar lo mejor de mí.

Amiga querida, hoy es un bello día para llenarte del Dios que te creó con amor, perdonar a quienes te negaron el amor y gritar con alegría: «Lo que pasó, pasó . . . prosigo adelante con entusiasmo sabiendo que con Dios todo lo puedo vencer».

CAPÍTULO 13

Lo que pasó, pasó . . .

Ahora tengo dominio propio

Son innumerables las mujeres que sueñan con tener el cuerpo, la fama y los millones de la venerada actriz y cantante puertorriqueña Jennifer López. O las que ansían convertirse en modelos famosas y, por supuesto, conquistar con su belleza a un hombre millonario y poderoso que las tenga viviendo como reinas. Pero hay que ver cuán escasas están las mujeres que anhelan y trabajan para distinguirse por tener dominio propio y por desarrollar un carácter firme.

El diccionario define la palabra *dominio* como «un poder que se ejerce sobre personas o cosas».[1] Así pues, el dominio propio es ese poder que ejercemos sobre nuestra manera de pensar, sentir, hablar y actuar. Se trata, entonces, de todo lo que forma nuestra manera de ser, lo que nos define como personas en los momentos buenos y en los malos, así como en los tiempos de quietud y en las crisis. Todas las mujeres, así como los hombres, tienen la capacidad de desarrollar ese dominio propio. Y ejercer o no esa capacidad es lo que define si tienes un carácter débil o uno fuerte. Es muy importante señalar que todas podemos modificar nuestro carácter en la medida en que vamos incorporando nuevas ideas y principios a nuestra vida. Cometen un error craso aquellas que dicen: «Soy así de rabiosa e iracunda, y ya no puedo cambiar». Te aseguro que cada persona puede modificar o cambiar su carácter, si desea hacerlo, porque los humanos poseemos la capacidad de aprender y desaprender hasta que nos llegue la hora de partir al otro mundo. Es un hecho científico que el cerebro es modificable. Por ende, no cabe duda que si nos lo proponemos, podemos cambiar nuestros pensamientos, sentimientos y acciones. Así mismo lo afirma este pasaje bíblico:

> No imiten las conductas ni las costumbres de este mundo, más bien dejen que Dios los transforme en personas nuevas al cambiarles la manera de pensar. Entonces aprenderán a conocer la voluntad de Dios para ustedes, la cual es buena, agradable y perfecta.
>
> —Romanos 12.2

Algunas de las definiciones de *carácter* que aparecen en los diccionarios, te pueden parecer muy rebuscadas, pero te voy a dar una definición clara y sencilla. El carácter es el conjunto de características psíquicas, emocionales, espirituales y éticas que hemos ido incorporando a nuestra persona desde que nacimos. Estas características son las que dirigen nuestra manera de enfrentar los retos que encontramos en nuestro caminar diario. Es, en definitiva, esa manera particular en la que cada persona responde ante la vida.

El carácter es nuestra esencia como individuos. Desde que nacemos vamos acumulando pensamientos de lo que es bueno y lo que es malo, según los valores que se hayan practicado en el hogar en el que nos desarrollamos. Con el paso del tiempo, aprendemos lo que se debe hacer y lo que no se debe hacer en las diferentes circunstancias que se nos presentan en la vida. Según aparecen retos que manejar, vamos conociendo cómo debemos enfrentar las crisis, la muerte, la traición, así como las diferencias que se dan entre nuestras ideas y las de los demás. Influenciados por nuestro ambiente familiar y social, iremos aprendiendo cómo debemos expresar nuestra indignación ante las diferencias de opinión que puedan surgir durante nuestra interacción con nuestros semejantes. Todo este proceso va dándole forma a cuáles deben ser los principios que rigen nuestra vida y nos llevará a concluir qué son buenos y malos sentimientos para nosotros.

Si nuestra mente fuera un recipiente para cocinar y esos que mencioné fueran los ingredientes de la receta que decidimos preparar, podríamos decir que vamos incorporando todos esos ingredientes en el recipiente desde que nacemos y en el transcurso de nuestra vida, los movemos bien, los cocinamos a fuego lento día a día y el producto final es la persona que somos hoy. Si los ingredientes que usamos fueron de primera calidad, nuestro carácter será definido, decidido y mantendrá dominio propio frente a las circunstancias de la vida. En cambio, si los ingredientes fueron de pésima calidad, el resultado será una persona voluble, que no tiene control de sus emociones, que a la menor provocación explota y hace un escándalo y que está dispuesta a pegarle a quien sea si, según ella, esa otra persona «se lo gana».

Cada padre y madre enseña a sus hijos lo que a su vez le enseñaron sus padres en su hogar de origen. La buena noticia es que todo lo que aprendimos en nuestro hogar de origen influye en el desarrollo de nuestro carácter, pero no determina quiénes somos o vamos a ser en el futuro porque todas podemos cambiar nuestro modo de pensar, sentir y actuar. Esto es posible porque podemos continuar añadiéndole otros ingredientes nuevos a la receta de nuestro carácter e, indudablemente, se alterará de acuerdo a la naturaleza de los componentes que vayamos agregando. Por ejemplo, todo lo que estás aprendiendo con este libro constituye una alteración en la receta de tu vida. Lo que te estoy ofreciendo en cada uno de los capítulos de esta obra son nuevos ingredientes, que si los incorporas a la receta original que te dieron tus padres, tendrás un resultado diferente al que has tenido hasta ahora. Mi propuesta es que te permitas alterar esa receta de vida que tal vez te quedó desabrida o muy amarga, y que le añadas generosas porciones de pensamientos nobles que resultarán en sabores más dulces y agradables para tu existencia. Como he dicho en reiteradas ocasiones, a lo largo de nuestra vida podemos aprender y desaprender. Nuestro cerebro es moldeable y hasta el último momento de nuestra existencia podemos asimilar todo lo que beneficia nuestra vida y a la vez podemos deshacernos de todos los hábitos que no nos hacen bien.

El dominio propio es una cualidad tan valiosa que en el libro de Proverbios se exalta la paciencia sobre la valentía, y el carácter de quien sabe dominarse a sí mismo se considera más digno de reconocimiento que la conquista de muchas ciudades.

> Más vale ser paciente que valiente; más vale dominarse a sí mismo que conquistar ciudades.
>
> —Proverbios 16.32

En este pasaje bíblico está implícito el mensaje de que dominar nuestros pensamientos, emociones y acciones no es un asunto fácil y requiere, por tanto, un gran esfuerzo y una disciplina constante. El reto más grande de la vida no es vencer a quienes nos traicionan o nos quieren hacer daño. El mayor de los retos es luchar contra nuestras propias fallas de carácter. La tarea más difícil que tenemos es vencer a esa voz interior que surge de la fuerza de la costumbre y de viejos hábitos aprendidos que están adheridos a nosotras con fuerza y no nos quieren soltar. Las mujeres pacientes, que se van formando a la luz de la Palabra de Dios, vencerán esas explosiones de coraje que muchas vieron en sus hogares, en los que no se hablaba sino que se gritaba. Aquellas que van ganando dominio propio, se levantarán victoriosas frente a esas viejas actitudes y falsas creencias que aprendieron de que «quien me la hace, me la paga». Ese es el verdadero reto de la vida: hacer lo que Dios nos pide en su Palabra y no lo que el cuerpo y la costumbre nos instan a hacer. Para lograr ese dominio sobre nosotras mismas, necesitamos acercarnos a Dios. Solo arraigadas a Él, a través de su Palabra, podemos absorber su amor, florecemos y damos los frutos dignos de arrepentimiento, que son los que se mencionan en el libro de Gálatas: amor, alegría, paz, paciencia, gentileza, bondad, fidelidad, humildad y control propio.

> En cambio, el fruto del Espíritu es amor, alegría, paz, paciencia, amabilidad, bondad, fidelidad, humildad y dominio propio. No hay ley que condene estas cosas.
>
> —Gálatas 5.22–23 (NVI)

Esos frutos que se mencionan en el libro de Gálatas son los que definen un carácter firme conforme al corazón de Dios. Es importante destacar que ser firme no significa gritar, decir palabras soeces o amenazar. Muchas personas actúan de esta manera durante la trayectoria de su vida, para luego darse cuenta de que no lograron absolutamente nada con esas maneras de ser que pertenecen a las obras de la carne y no a las del Espíritu, que dan vida en abundancia. El verdadero respeto se infunde con nuestra manera íntegra de vivir, en la que hay congruencia entre lo que pensamos, sentimos, hablamos y hacemos con lo que Dios nos enseña a través de su Palabra. El respeto no se impone, se gana con nuestras ejecutorias.

> Cuando ustedes siguen los deseos de la naturaleza pecaminosa, los resultados son más que claros: inmoralidad sexual, impureza, pasiones sensuales, idolatría, hechicería, hostilidad, peleas, celos, arrebatos de furia, ambición egoísta, discordias, divisiones, envidia, borracheras, fiestas desenfrenadas y otros pecados parecidos. Permítanme repetirles lo que les dije antes: cualquiera que lleve esa clase de vida no heredará el reino de Dios.
>
> —Gálatas 5.19–21

Fíjate que unos son los frutos del Espíritu y los otros son las obras de la carne. Los frutos se forman específicamente de las características que posee el árbol al cual pertenecen. Cuando estamos adheridos a nuestro árbol —Jesucristo—, producimos nuestros frutos de acuerdo a su naturaleza, por tanto generaremos un carácter conforme a la imagen de Él en nuestra vida. Por otro lado, las obras de la carne se relacionan con la naturaleza externa, con la parte pasional e impulsiva del ser humano. La carne no tiene nada que ver con el espíritu porque responde al impulso y al deseo, mientras que el espíritu ejerce siempre el dominio propio. Mientras el espíritu nos conecta con Dios; la carne nos conecta con todas las bajas pasiones que nos alejan de Él, porque promueven el placer y nos alejan del ideal de tener control sobre nuestro carácter.

Desarrollar un carácter firme requiere que nos llenemos del Espíritu de Dios para que nuestros pensamientos, emociones, decisiones y acciones estén impregnadas de su carácter. Esta integración con la naturaleza de Dios nos ayudará a ser mujeres balanceadas que conocemos el camino a seguir, que nos relacionamos adecuadamente con los demás, que poseemos sabiduría para corregir nuestros errores y que diferimos con respeto de las opiniones que no son cónsonas con nuestros valores. Además de todo eso, podemos mantenernos firmes en nuestras convicciones aún cuando la mayoría que nos rodea piense liberalmente. Tener un carácter firme nos capacita para saber admitir cuándo nos equivocamos y ser capaces de perdonarnos a nosotras mismas y pedir perdón siempre que sea necesario. El desarrollo de esa fortaleza emocional y espiritual es lo que nos permite vivir en el presente y jamás ceder ante la esclavitud de estar recordando el pasado, ni preocupada por el futuro porque, la mujer que tiene dominio propio, sabe planificar y tiene plena confianza en que Dios dirige sus pasos. Las mujeres que tienen firmeza de carácter saben vencer los miedos enfrentándolos con valentía porque confían siempre en la promesa que Dios nos hace de que, en nuestra debilidad, Él nos hace fuertes.

Por el contrario, las mujeres que son débiles de carácter tienen tanto miedo de sentir rechazo que prefieren hacer lo que todo el mundo hace y al escucharlas hablar, pareciera que piensan como todo el mundo piensa. No se atreven a ser diferentes y de ninguna manera adoptan una posición firme que dirija sus vidas y las de sus hijos. Estas mujeres usan la estrategia de camuflaje de algunos animales, como los camaleones, que toman el color de la planta en la que se posan para no ser identificados. La persona que no tiene principios definidos siente miedo de expresar lo que realmente piensa y por temor a no ser aceptada, prefiere confundirse con lo que hace la mayoría, aunque ello implique ir en contra de los valores divinos o de la conciencia. Sin embargo, a diferencia de lo que muchos suelen creer, la persona fuerte de carácter no es la que trata de imponer su criterio; no es la que grita o insulta, ni la que es desafiante. Es la que puede sostener una opinión diferente sin faltarle el respeto a las opiniones ajenas. Es quien sobrevive las circunstancias negativas y actúa siempre conforme a los principios divinos independientemente de lo que piensen los demás. Es quien tiene la valentía de admitir que se equivocó. Es quien asume responsabilidad de su conducta sin culpar a otros de lo que le acontece.

Nuestro carácter no es estático; crece, se reafirma y se fortalece a medida que vamos enfrentando sabiamente las situaciones retantes que se nos presentan día a día. Enfrentar los retos con sabiduría significa que en lugar de renegar por la adversidad y perder el tiempo quejándonos y preguntándonos: «¿Por qué a mí?», aprovechamos la situación para analizar cómo nos ayuda esa experiencia en nuestro desarrollo personal. El escritor polaco, Stanislaw Jerzy Lec dijo en una ocasión: «Cuando no sopla el viento, incluso la veleta tiene carácter».[2] Con esta analogía el escritor quiere decir que cuando todo está bien, es fácil demostrar que tenemos dominio propio y un carácter firme. Pero hay que ver qué pasa con la misma veleta cuando soplan los vientos fuertes de tormenta. ¿Se quedará detenida demostrando que tiene control de su movimiento o girará para dondequiera que el viento la mueva? Si nos mantenemos firmes en la palabra de Dios, tú y yo podemos mantener el control en medio de los vientos más fuertes de la vida. Mientras resistimos las fuertes pruebas e incidentes que se nos presentan regularmente en nuestro caminar diario, vamos desarrollando los «músculos espirituales» que nos capacitan para continuar victoriosas en esta carrera de obstáculos llamada vida.

El pasado es uno de los principales obstáculos que tenemos que vencer para continuar la carrera que comenzamos desde que nacimos. Si no lo hacemos, nos quedamos atrás en nuestra trayectoria y no podremos disfrutar lo que se siente cuando se llega a la meta después de habernos esforzado una y otra vez venciendo cada inconveniente del camino. Cuando hemos logrado dejar el pasado atrás y decidimos superar el dolor, el rencor, la amargura y el odio estamos demostrando que sí tenemos dominio propio y hemos desarrollado un carácter firme.

Amiga querida, ya no sigas sufriendo por tu pasado. Recuerda siempre que «lo que pasó, pasó». Levanta tu cabeza en alto, eleva tu mirada al cielo y prosigue, con confianza, hacia lo excelente.

CAPÍTULO 14

Lo que pasó, pasó . . .

Ahora tomo el control de mi vida y cambio de canal

*¡Qué muchos espectadores tiene la televisión! ¿Te has pre-*guntado alguna vez por qué tiene tantos seguidores? ¿Qué busca la gente en la televisión? La mayoría de las personas quiere distraerse, entretenerse, liberar el estrés, escapar de la realidad o encontrar información que les resulte útil para sus vidas. No obstante, hay mujeres que buscan ver representadas en la pantalla de la televisión lo que ellas no están viviendo en la realidad. Tal vez están solteras y se sienten solas o están casadas, pero tienen una mala relación matrimonial y desean escapar de la realidad viviendo la fantasía de las novelas o identificándose con el papel que hace la protagonista, a quien todos perciben como una mujer

perfecta y santa. Estas mujeres desean ver en escena los besos, las caricias y los gestos de amor superficiales basados meramente en la pasión y no en el verdadero amor que es fiel, ese que trasciende la enfermedad, la atracción física, las diferencias de criterios y que crece cada día con el pasar de los años. Pero además se identifican con los personajes que hacen el papel de víctimas. En esas telenovelas que representan una visión distorsionada de la realidad, actúan artistas que en su vida personal se han casado un millón de veces porque ni ellos mismos se han creído lo que practican en el escenario. La mayoría de estos actores y actrices se han quedado atrapados en la costumbre del amor pasional que están representando, sin aprender que lo que verdaderamente une al matrimonio es el vínculo emocional. Ellos mismos desmienten con su vida real lo que representan en escena, pero con su actuación le hacen creer a las televidentes, que la perfección y la eterna felicidad que se proyecta en las telenovelas debe ser la realidad de los matrimonios. La relación de casados que se muestra en las novelas es perfecta porque tan pronto se casan, termina la novela. Como la mujer es tan emocional, son muchas las que no se dan cuenta de la incongruencia que existe entre la fantasía y la realidad que están viendo a través de la pantalla televisiva. Por esa razón las novelas tienen tanto éxito.

Día tras día, miles de mujeres se quedan como muertas en vida frente al televisor rumiando y reciclando sus propios problemas. Mientras permanecen en ese estado de inercia, van llenándose de ansiedad, tensión y de insatisfacción viendo esos dramas en los que se promueve, como algo natural, el hecho de que las mujeres adopten una conducta de víctimas. Los personajes que tradicionalmente aparecen en las novelas, miniseries y películas de la pantalla chica, por lo general demuestran una gran incapacidad para salir de las situaciones dolorosas y a lo largo de sus historias desarrollan rencor, ira, amargura y venganza, compasión por ellas mismas, entre otras pasiones desenfrenadas, que para nada aportan al desarrollo saludable de los pensamientos, emociones y acciones de quienes las ven. Cada mujer seleccionará el canal de televisión que prefiere de acuerdo a los intereses que cada una tiene. Sin embargo, si la mujer crea conciencia del daño mental, emocional y espiritual que le está provocando la selección de programas que está haciendo, puede cambiar su preferencia por otros que la eduquen mientras se divierte o libera el estrés.

Por otra parte, las emisoras luchan por conocer qué es lo que prefiere el público porque quieren dominar las encuestas, independientemente del daño que le hagan sus programas al público. A fin de cuentas, lo que persiguen es enriquecerse capitalizando con el sufrimiento de las llamadas «noveleras». Es sorprendente la cantidad de mujeres que prefieren ver telenovelas, con todos los sufrimientos, infidelidades, actos de violencia y vicios que proyectan. Lo que no debería sorprendernos es que en su hogar ellas estén viviendo esas mismas situaciones tan negativas. Estoy convencida de que las novelas lo que hacen es perjudicar la salud mental de todas las personas que viven reciclando la amargura, la soledad, el rencor y todos los pensamientos que pueden llevar a alguien a la destrucción moral, emocional y espiritual.

Con frecuencia atiendo mujeres que viven frustradas porque sus esposos no se parecen a los galanes protagonistas de las telenovelas que ven desde que amanece hasta que se hace de noche. Ellas tampoco son las bellezas esculturales que ven en la pantalla y esto, a su vez, les causa bastante frustración. Las casas en las que viven caben varias veces en las que ven a diario en la televisión. Y mientras las mujeres que admiran en el televisor tienen empleadas que les hacen las labores de la casa, en la realidad ellas sudan con el mapo, la escoba, las ollas sobre la estufa en la cocina y todo lo que exija trabajo para mantener nuestra casa en orden. Ninguna de estas tareas es negativa, pero la televisión, de forma extremadamente sutil, las hace ver así.

Una de estas mujeres llegó a mi oficina llorosa y muy compungida explicándome lo difícil que se le había hecho perdonarle a su esposo una infidelidad que le había confesado hacía un año. Le pregunté cómo había sido el comportamiento de él durante el año que había pasado después de haberle hecho esa confesión. Ella me explicó que no había prestado mucha atención a su actitud durante ese tiempo porque seguía recordando con mucho coraje que él le había sido infiel. En todos esos meses ella había pasado por alto la sinceridad que aquel hombre había manifestado cuando decidió confesarle su traición. Él le había explicado, con mucho dolor, que tenía la necesidad de decirle toda la verdad porque no podía seguir viviendo una doble vida, pero ella no pudo reconocer el valor de ese gesto porque seguía aferrada al pensamiento de coraje y dolor que se despertó en su corazón al enterarse del comportamiento deshonesto de su marido. Él quería moverse al presente y así liberarse de aquel escenario del pasado que le provocaba tanto dolor, pero ella seguía detenida viendo su vieja película de humillación y amargura. En su diálogo interior recordaba una y otra vez lo fiel que ella había sido, cuánto había confiado en él, la excelente esposa y madre que fue por todos los años que duró su matrimonio y cómo él le había pagado.

Esta mujer enfocó toda su atención en el error que él había cometido, pero olvidó mirarse a sí misma y detenerse a observar la rigidez que manifestaba constantemente y la poca sensibilidad que había demostrado ante la necesidad de apoyo y de perdón que tenía su esposo. La racionalización que ella había hecho para justificar su equivocada conducta dominada por el rencor, la intolerancia y la incapacidad de perdonar, era muy cierta y él lo confirmó delante de mí: era una madre excelente, una buena profesional y un ama de casa que le hacía honor al nombre, amaba su hogar. No obstante, tenía una debilidad que ni ella misma había descubierto: era demasiado rígida en su manera de pensar y de vivir. Esa rigidez no le permitía, de ninguna forma, aceptar que su esposo le hubiera sido infiel. Además, le impedía ver la transformación que Dios había hecho en aquel hombre cuyo cambio había maravillado a todos los que le conocían anteriormente. Todos admiraban la renovación de aquel hombre, menos ella. Curiosamente, la sinceridad que ella siempre había anhelado ver en el corazón de su esposo, él la había incorporado a su sistema de valores y la estaba poniendo en práctica en su vida, pero ella era incapaz de verla porque no había cambiado del canal del pasado.

A pesar de la infinita variedad de sentimientos que podemos experimentar durante el periodo que nos toca vivir en este planeta Tierra, son muchas las mujeres que se quedan detenidas en los momentos de dolor, masticando una y otra vez los recuerdos amargos de traición, abandono y rechazo, producto de los recuerdos de experiencias no deseadas. De la misma manera que hay personas que compran una película y la ven un sinnúmero de veces hasta el punto en que termina rayada e inservible, así mismo hay mujeres que pasan por su mente, una y otra vez, la película de una experiencia negativa de su pasado, hasta quedar exhaustas y sin fuerzas para vivir. La mala costumbre de permanecer en un solo canal mental rumiando el pasado, trae como consecuencia insatisfacción, culpa, resentimiento, rencor y desemboca, por lo general, en la temida depresión. Esto ocurre porque la persona que se queda dando vueltas en la amargura del pasado, no atiende con conciencia su salud emocional y espiritual; no alimenta las emociones sanas. Por el contrario, sin darse cuenta, se dedica a nutrir los sentimientos de insatisfacción y tristeza hasta que estos se apoderan de todo su ser, tal como ocurriría con una infección corporal si en lugar de tomar el antibiótico correcto, nos tomáramos un veneno.

Son innumerables las mujeres que se han limitado a vivir como mejor pueden sin tener cuidado de cómo afectan su salud emocional y espiritual con lo que ven, escuchan y con lo que leen. No se han percatado de que la única razón por la que la depresión está acabando con la humanidad es por la falta de cuidado y atención que le han dado a su manera de pensar y a su manera de sentir. Las personas se hunden en la depresión porque permiten que sus pensamientos y sentimientos negativos dirijan su vida, en lugar de permitirle a Dios que transforme su mente y su corazón. Llegan a la edad adulta sin haber separado tiempo para evaluar su vida, sus pensamientos y sus sentimientos. Lo que aprendieron incorrectamente en su niñez lo han seguido repitiendo, aunque no funcione, en lugar de estar dispuestas a tomar el control de su existencia y cambiar de canal. Dios ya sabía con lo que nos íbamos a enfrentar y por eso nos advierte en el libro de los Romanos:

> No imiten las conductas ni las costumbres de este mundo, más bien dejen que Dios los transforme en personas nuevas al cambiarles la manera de pensar. Entonces aprenderán a conocer la voluntad de Dios para ustedes, la cual es buena, agradable y perfecta.
>
> —Romanos 12.2

Dios nos exhorta a no conformarnos con las conductas ni las costumbres de este mundo, sino que le permitamos a Él cambiar nuestra manera de pensar para que nos convierta en personas nuevas que conozcamos su voluntad. Esa voluntad que viene de alguien que nos ama desde antes de la fundación del mundo, es buena, agradable y perfecta. Quiere decir que cuando le damos mantenimiento a nuestro sistema de pensamientos y sentimientos a la luz de su Palabra, tendremos una vida emocional buena y agradable como solo Él la sabe dar. Viviremos plenamente aún en medio de lo negativo que podamos confrontar porque tenemos la certeza de que Él está con nosotros, como poderoso gigante, y nos defiende.

Estar en armonía con Dios, extrae de nuestra vida las más bellas melodías que provocarán que otros se acerquen a escucharlas porque querrán aprenderlas. Ese estado de armonía con Dios produce en nosotras deseos de vivir, esperanza, optimismo, agradecimiento. Como consecuencia de los sentimientos positivos que genera esa comunión con nuestro Creador, tendremos pensamientos de amor y de paz y sabremos sazonar hasta las palabras de reprensión que salgan de nuestra boca, para que lleguen al corazón de las personas y produzcan cambios beneficiosos. Esa armonía también despierta en nosotras un agradecimiento profundo que nos hace valorar y amar todo lo creado. Cuando camino y miro al cielo, veo la grandeza de Dios y le agradezco el que se haya fijado en mí para bendecirme. En ese mismo momento le digo: «¡Qué maravilloso eres Dios, estoy agradecida de ti!»

La amistad con Dios nos hace sentir el deseo de reír y estar alegres. También nos permite reconocer la importancia que tiene cada persona y nos capacita para hacerle sentir a cada uno de los seres con los que interactuamos día tras día, cuán importantes son para nosotros. La gente anhela estar con las personas optimistas y alegres. A nadie le gusta andar con el amargado, iracundo y acomplejado, que siempre tiene un tema triste. Conviene recordar siempre que las melodías tristes cargan emocionalmente a quien las canta y a quien las escucha. La leyenda del Flautista de Hamelín destaca cómo un hombre, con solo tocar unas bellas melodías con su flauta, logró lo que otros no habían podido hacer en la ciudad de Hamelín, que los ratones y los niños lo siguieran, al quedar embelesados con su dulce música. Creo que es un buen ejemplo a seguir. En lugar de contagiar a otros con amargura, contágialos con tu amor. ¡Eso es felicidad, mi querida amiga, y yo lo he experimentado! Jamás te recomendaré hacer algo que no esté dispuesta a hacer. El pasado ya pasó, lo importante es lo que aprendimos de la experiencia vivida que enriquece y fortalece nuestro carácter. Debemos avanzar mirando hacia el frente porque mirando hacia atrás nos podemos caer.

Dios es tan maravilloso y amplía nuestra visión de tal forma que al movernos junto a Él no le tenemos miedo al futuro, ni a lo que nos pueda hacer alguna persona. Al ir guiados por su Palabra y por su presencia, sabemos el camino y nos sentimos seguras con la protección que Él nos da. En estos versos el salmista alaba a Dios y exalta su grandeza y su poder.

Pues ¿quién es Dios aparte del Señor? ¿Quién más que nuestro Dios es una roca sólida? Dios me arma de fuerza y hace perfecto mi camino. Me hace andar tan seguro como un ciervo, para que pueda pararme en las alturas de las montañas. Entrena mis manos para la batalla; fortalece mi brazo para tensar un arco de bronce. Me has dado tu escudo de victoria. Tu mano derecha me sostiene; tu ayuda me ha engrandecido. Has trazado un camino ancho para mis pies a fin de evitar que resbalen.

—Salmo 18.31–36

En esa alabanza, el salmista glorifica a Dios porque es quien nos da las fuerzas y nos capacita para caminar con paso firme por la vida. Es Él quien le da dirección a nuestros pasos, de tal manera que podemos caminar y subir a las montañas más altas sin caernos, tal como lo hace el ciervo. Explica detalladamente cómo Dios nos capacita para enfrentar las grandes luchas de la vida y nos permite salir airosas de cada situación. Luego de equiparnos con todo lo necesario para vivir victoriosamente, no nos suelta, nos sostiene con su poderosa mano y nos hace sentir valiosas. Como si todo eso fuera poco, tiene un cuidado adicional como Padre amoroso: nos traza un camino ancho para que podamos andar sin resbalar.

El Salmo 18 nos llena de fe. Es vital comprender que la fe viene a nosotras y se fundamenta en nosotras, cuando escuchamos la Palabra de Dios. Este es, precisamente, uno de esos canales que tienes que sintonizar para que puedas enfrentar con la fuerza de Dios, los temores, las amarguras, la baja autoestima y todo sentimiento de impotencia frente a los embates de la vida. ¡Él es el único que nos capacita cabalmente para la batalla! El proceso de cambiar de canal lo tenemos que aplicar a todo lo que daña nuestros pensamientos, sentimientos y acciones. Los canales pueden ser diversos: amistades, programas de televisión, libros, películas, familiares, relaciones de amor, conversaciones. Todo lo que pensamos, imaginamos, hablamos o hacemos, afecta positiva o negativamente nuestro cuerpo, nuestras decisiones y, por ende, nuestro caminar por la vida. Cuando no usamos nuestro control y decidimos quedarnos en el mismo canal, seguimos viendo el mismo programa de siempre y dejamos de disfrutar la variada programación que nos ofrece la vida. Aparte de afrontar los profundos momentos de dolor que se nos presentan en medio de la amplia diversidad de experiencias que incluye nuestra existencia, todos podemos decidir que viviremos también las alegrías y carcajadas de felicidad que Dios nos regala en nuestro paso por este mundo.

Deja ya de vivir en el pasado, no cargues más ese pesado bulto y decídete a ser feliz, porque «lo que pasó, pasó» y ya no queremos dar marcha atrás.

CAPÍTULO 15

Lo que pasó, pasó . . .

Ahora obedezco a Dios y dejo de recordar el pasado

*Mis tres hijos crecieron escuchándome repetir: «En la obe*diencia hay bendición». Siempre les insistía en que respetaran los mandatos de Dios, y nos obedecieran a su papá y a mí, aunque no entendieran lo que les explicábamos, porque cuando fueran creciendo iban a encontrarle sentido a todo lo que les habíamos enseñado. Así ha sido, hoy ya son adultos y me dicen: «Mami, qué bueno que tú y papi nos enseñaron a amar a Dios». Eso no quiere decir que nunca se equivocaron; claro que cometieron errores, pero siempre estuvieron seguros de que había un Dios y unos padres que les amaban incondicionalmente y les perdonaban todas sus faltas. Aprendieron que no podemos vivir con culpabilidad porque para eso creemos en un Dios perdonador quien nos ama a pesar de nuestras equivocaciones. Les enseñé a obedecer por amor, y no por miedo al castigo, porque recordaba que cuando yo era adolescente uno de los sentimientos más profundos que albergaba en mi corazón era hacer las cosas bien pues no quería defraudar a mi papá, a quien amaba entrañablemente. Creo que esa relación de amor fervoroso que tenía con mi papá fue una influencia muy fuerte en el concepto que desarrollé del Dios padre. Desde pequeña vi a Dios como alguien amoroso, no como un capataz que está listo con un látigo en la mano pendiente de que el esclavo se equivoque para castigarlo. Esa misma idea se la transmitimos mi esposo y yo a nuestros hijos. Formar hijos que aprendan a amar y a obedecer primero a Dios y a sus padres creo que es el proyecto más trascendental que podemos desarrollar durante nuestra vida. Pero no podemos enseñar a obedecer a nuestros hijos si primero no lo hemos practicado nosotros.

Obedecer significa *cumplir con lo que se nos manda.*[1] Sin embargo, hay personas que exigen una obediencia de otros pero es para su propia satisfacción o para lograr un plan que perjudica a quien le obedece. Si aquello que se te insta a obedecer es algo que va en contra de lo que Dios nos ha exhortado en su Palabra, no debemos acceder a hacerlo, no importa quién lo haya ordenado. Si un padre, madre o cualquier persona de autoridad, a quien debas obedecer siempre, te pide que robes en una tienda, no debes obedecerle porque robar quebranta un mandamiento. Un esposo que te exige ver pornografía con él, tampoco lo debes complacer porque la Biblia nos dice, claramente, que pensemos solo en todo lo que es excelente y digno de alabanza:

> Y ahora, amados hermanos, una cosa más para terminar. Concéntrense en todo lo que es verdadero, todo lo honorable, todo lo justo, todo lo puro, todo lo bello y todo lo admirable. Piensen en cosas excelentes y dignas de alabanza.
>
> —Filipenses 4.8

Toda obediencia debe ser congruente con la voluntad de Dios que está escrita en la Biblia. Su voluntad es perfecta y Él jamás nos pediría algo que pudiera perjudicar nuestro ser. Todo lo que el Señor nos exige es para bendecirnos, para el beneficio de todos, para preservar a toda la humanidad. Una de las recomendaciones que Dios nos hace y la expresa en forma de mandato para que nosotros la obedezcamos se encuentra en el libro de Isaías:

> Yo soy el Señor, tu Santo, el Creador y Rey de Israel. Yo soy el Señor, que abrió un camino a través de las aguas, e hizo una senda seca a través del mar. Yo llamé al poderoso ejército de Egipto con todos sus carros de guerra y sus caballos. Los sumergí debajo de las olas, y se ahogaron; su vida se apagó como mecha humeante. Pero olvida todo eso; no es nada comparado con lo que voy a hacer.

> Pues estoy a punto de hacer algo nuevo. ¡Mira, ya he comenzado! ¿No lo ves? Haré un camino a través del desierto; crearé ríos en la tierra árida y baldía.
>
> —Isaías 43.15–19 (TLA)

Dios liberó al pueblo de Israel de la esclavitud de Egipto. Había hecho el milagro de la división del Mar Rojo para que el pueblo israelita pasara en seco y pudiera liberarse así de la persecución de los egipcios. Una vez estaban a salvo, volvió a unir las aguas justo en el momento en que el ejército egipcio intentó cruzar también detrás de los israelitas. Dios cumplió su promesa de liberar a su pueblo, mientras que todo el ejército egipcio pereció en las aguas del Mar Rojo. En este pasaje bíblico, Dios le estaba diciendo a su pueblo que, según los liberó en aquel momento crucial en el que quedaron de frente al mar y con el enemigo a sus espaldas, situación en la que parecía que ya no habría posibilidad de vivir, así mismo les permitiría salir de la cautividad en que se encontraban en Babilonia. Les exhortaba a dejar de recordar y pensar en el pasado y les iluminaba el futuro con la promesa de nuevos milagros para su bendición. Por eso les dijo:

> No recuerden ni piensen más en las cosas del pasado. Yo voy a hacer algo nuevo, y ya he empezado a hacerlo. Estoy abriendo un camino en el desierto y haré brotar ríos en la tierra seca.
>
> —Isaías 43.18–19 (TLA)

El mandato fue claro: «Dejen ya de vivir en el pasado». Les exhortó a que dejaran atrás tanto la tristeza como los momentos de gloria, porque no importaba cuán difícil fuera el momento que estuvieran atravesando, el mismo Dios misericordioso y poderoso que estuvo con ellos en el pasado, estaría con ellos siempre y haría milagros aún mayores que los que había hecho en el pasado. Para demostrarles que vendrían milagros poderosos, Dios les dijo que ya los había empezado a hacer, porque estaba abriendo caminos en el desierto y de aquella tierra seca brotaría el agua que les saciaría su sed.

El mensaje es claro: Dios nos pide que no recordemos ni pensemos más en las cosas pasadas porque Él hará obras nuevas y grandes milagros para nuestro beneficio. Esa exhortación que Dios le hace a Israel para que olvide el pasado, nos la hace a nosotras porque Dios no cambia ni tiene favoritos, no importa los años que hayan pasado. El Dios de ayer es el mismo de hoy, por tanto, el Dios que liberó a los israelitas es el mismo que nos libera hoy del pasado y nos promete hacer cosas nuevas y prodigiosas, cuando nos asegura que hará brotar ríos de la tierra seca. En el mundo natural del razonamiento, ver brotar ríos de una tierra seca, puede parecer imposible, pero en el mundo de la fe, todo es posible cuando creemos.

Amiga querida, no importa por cuántos desiertos hayas pasado, Dios te ha prometido que Él será quien sacie tu sed de amor y de justicia. Él es tu ayudador, tu pronto auxilio en la tribulación, y si crees en su Palabra verás el desierto de tu vida reverdecer y florecer. Dejemos atrás el pasado para que podamos tener la libertad de vivir experiencias nuevas que nos llevarán a experimentar poderosas intervenciones de Dios en nuestra vida y en la de los seres que amamos.

La fe es un acto de obediencia porque creemos en Dios y en su poder sin haberlo visto. Y lo creemos porque lo leemos en su Palabra y estamos seguros de que sus promesas son fieles y verdaderas. La fe viene por acercarnos a la Palabra de Dios. Mientras más la leemos y la escuchamos, más aumenta nuestra fe.

> Así que la fe es por el oír, y el oír, por la palabra de Dios.
>
> —Romanos 10.17 (RVR1960)

La Biblia define la fe en el libro de los Hebreos de la siguiente manera:

> La fe es la confianza de que en verdad sucederá lo que esperamos; es lo que nos da la certeza de las cosas que no podemos ver. Por su fe, la gente de antaño gozó de una buena reputación. Por la fe entendemos que todo el universo fue formado por orden de Dios, de modo que lo que ahora vemos no vino de cosas visibles.
>
> —Hebreos 11.1–3

Tener fe es vivir confiadas y seguras de que lo que esperamos sucederá y lo visualizamos ya hecho aunque físicamente no lo veamos. Aunque la realidad me grite que no es posible, gracias a mi fe en Dios lo veo real, sé que Él lo va a hacer. Por eso, mientras más conocemos a Dios y más confiamos en su poder, más se aumenta la fe, tenemos paz y vivimos sin ansiedad. Tenemos la certeza de que nosotras hacemos lo posible, pero Él hará lo imposible. Así que no confío en mis propias fuerzas —que muchas veces me faltan— sino que confío en las de Dios que es Todopoderoso.

El salmista tomó una sabia decisión cuando le confesó a Dios que su Palabra era como una lámpara que iluminaba el camino por donde él debía caminar. Por esa razón le prometió a Dios que iba a obedecer todos sus mandamientos pues eran justos para su vida:

> Tu palabra es una lámpara que guía mis pies y una luz para mi camino. Lo prometí una vez y volveré a prometerlo: obedeceré tus justas ordenanzas.
>
> —Salmo 119.106

Frente a esa preciosa comparación de la Palabra de Dios con una lámpara que ilumina nuestro caminar y nos marca la dirección correcta, ¿cuál es tu postura? ¿Decides seguir ligada al pasado que permanece oculto en la oscuridad amenazándote y atemorizándote? ¿Quieres vivir en depresión, soledad y culpa constante? ¿O prefieres ser alumbrada por la luz de Jesucristo, y obedecer a Dios, quien promete darte vida y vida en abundancia? Yo decidí obedecerlo desde los diecisiete años, cuando a pesar de mi corta edad me di cuenta de que confiar en un Dios que me amaba y dirigía mis pasos a caminos de bendición y seguridad, era lo mejor que podía hacer. Todos los días de mi vida le agradezco a Dios el haberme iluminado para tomar una decisión tan sabia y hasta el final de mis días seguiré diciendo a todo el que me encuentre en el camino que sin Dios no podemos vivir. Lo que nos libera del pasado es su perdón y sus promesas de que las cosas viejas ya han pasado y que con Él son todas hechas nuevas.

Aférrate desde hoy a su amor porque el pasado es una tierra movediza en la que no se puede construir nada. Sin embargo, Jesucristo es la roca en la que podemos afianzar nuestra nueva vida desde hoy, porque «lo que pasó, pasó» y ya no podemos volver atrás.

CAPÍTULO 16

Lo que pasó, pasó . . .

Ahora camino hacia el frente sin mirar atrás

La historia de Lot y su familia revela una situación que estoy viendo todos los días, tanto en el compartir diario, como en mi oficina de consejería. Personas que toman una buena decisión para su vida, pero siguen mirando hacia atrás añorando lo que les estaba haciendo daño, o aquello que están conscientes de que atenta contra la ley. Lot era un hombre justo, pero se aclimató a las costumbres negativas de la ciudad de Sodoma y Gomorra, se apegó a su posición social, a lo material y a las experiencias pasadas idealizadas. Es importante comprender que muchas veces las personas llegan a pensar que cualquier tiempo pasado fue mejor porque ese recuerdo lejano, por pertenecer ya al mundo de los pensamientos, adquiere el brillo que la persona inconscientemente le da desde una perspectiva de añoranza y melancolía. Los personajes que conocerás en esta historia, son como tú y como yo, con debilidades y fortalezas, pero podemos aprender grandes lecciones si analizamos sus ejecutorias.

En una ocasión escuché decir que es inteligente quien aprende de sus errores, pero es sabio quien aprende de los errores que han cometido otros. En lugar de perder el tiempo lamentándonos por nuestro pasado, es mejor capacitarnos para vivir el presente leyendo historias de la Biblia, como la que vamos a relatar en este capítulo, y biografías que revelan las consecuencias que han sufrido las personas cuando han tomado decisiones que no son congruentes con los principios de amor y justicia que Dios estableció en su Palabra para el bienestar y la felicidad del ser humano. Es una buena práctica observar la vida de otros, no para juzgarlos, sino para ver las tristes consecuencias de la desobediencia. Palpar el sufrimiento de los demás nos da la oportunidad de anticipar lo que nos podría pasar si actuáramos de manera errónea como ellos. Por otro lado, también nos permite imitar las buenas acciones. Considerar las consecuencias de los actos de otra gente, así como las experiencias de personajes que conocemos a través de la literatura o de las películas, es fundamental para decidirnos siempre por el bien. ¿Por qué no evaluamos ahora, con objetividad, el pasado de esta familia para aprender las grandes lecciones que nos ayudarán a tomar buenas decisiones y a formar un carácter firme?

Lot era el sobrino de Abraham y salieron juntos de Mesopotamia hacia Canaán, pero, tristemente, en dondequiera que hay gente, hay desacuerdos, que cuando son insalvables, exigen la separación. Entre los pastores de ganado de Abraham y Lot hubo tal contienda que Abraham pensó que lo mejor era separarse, pero tuvo la bondad de darle la oportunidad a Lot de escoger el lugar hacia dónde quería ir:

> Y Abram dijo a Lot: Te ruego que no haya contienda entre nosotros, ni entre mis pastores y tus pastores, porque somos hermanos. ¿No está toda la tierra delante de ti? Te ruego que te separes de mí: si vas a la izquierda, yo iré a la derecha; y si a la derecha, yo iré a la izquierda. Y alzó Lot los ojos y vio todo el valle del Jordán, el cual estaba bien regado por todas partes (esto fue antes de que el SEÑOR destruyera a Sodoma y Gomorra) como el huerto del SEÑOR, como la tierra de Egipto rumbo a Zoar. Y escogió Lot para sí todo el valle del Jordán; y viajó Lot hacia el oriente. Así se separaron el uno del otro.
>
> —Génesis 13.8–11 (BLA)

En el pasaje citado vemos cómo Abraham, con su bondad infinita, le da la oportunidad a Lot para que escoja la tierra a donde quiere ir. Su actitud desprendida y desinteresada contrasta con la de Lot, quien, ante la oferta de Abraham, extiende su mirada hacia las tierras del valle, seleccionando lo mejor de acuerdo a su visión materialista y a su conocimiento humano, sin tomar en cuenta la voluntad de Dios. Abraham, por el contrario, reveló con sus acciones, su confianza en Dios, mientras Lot prefirió confiar en su conocimiento imperfecto, sin poder anticipar que esa decisión le traería dolor y sufrimiento no solo a él sino también a su familia. Lot escogió las tierras que en apariencia eran las mejores, las de la llanura en donde estaban Sodoma y Gomorra. Hizo esta elección de forma inconsciente, atraído por la riqueza, sin saber que detrás de aquella percibida belleza y prosperidad, estaba la semilla de su destrucción. Los habitantes de estas ciudades, que parecían tan apetecibles, se dejaron llevar por la maldad a tal extremo que Dios decidió destruir Sodoma y Gomorra:

> Abram se estableció en la tierra de Canaán, en tanto que Lot se estableció en las ciudades del valle, y fue poniendo sus tiendas hasta Sodoma. Y los hombres de Sodoma eran malos y pecadores contra el Señor en gran manera.
>
> —Génesis 13.12–13 (BLA)

Dios envió a unos ángeles que habían adoptado forma humana para decirle a Lot que saliera cuanto antes de la ciudad con sus hijas, su esposa y sus yernos. Cuando los hombres que habitaban en esas tierras, vieron a aquellos seres tan hermosos, comenzaron a gritarle a Lot, llenos de lascivia, que los sacara de la casa para tener sexo con ellos.

Lot trató por todos los medios de proteger a los enviados de Dios, y llegó hasta el extremo de ofrecerles la virginidad de sus hijas con tal de que los dejaran en paz, pero ellos se lanzaron contra él para tirar la puerta abajo y tener acceso a aquellos hombres que tanto deseaban. En ese momento, los ángeles extendieron sus manos, metieron a Lot dentro de la casa, aseguraron la puerta y dejaron ciegos a todos los hombres viejos y jóvenes que estaban allí afuera. Fue así como desistieron de su intento. Tras esa demostración del poder de Dios, los ángeles le pidieron a Lot que saliera inmediatamente de aquella ciudad junto a su esposa, sus hijas, sus yernos y cualquier otro familiar, porque pronto la ciudad iba a ser destruida.

Es increíble que viéndose afectado por ese ambiente tan desagradable y lleno de maldad, Lot todavía titubeara en la decisión que debía tomar de escapar de la ciudad. Me atrevo a decir que se había adaptado a aquel lugar y ya no podía ver la gravedad de exponerse a sí mismo y a su familia a aquellos actos abominables. Fue tanto el arraigo de este hombre y de sus parientes a la ciudad, que los ángeles tuvieron que tomar de la mano a Lot, a su esposa y a sus hijas para sacarlos de la ciudad ordenándoles que corrieran y no miraran hacia atrás ni se detuvieran en ningún lugar de aquel valle. La Biblia dice que los ángeles les tomaron de la mano a pesar de los titubeos de ellos porque la misericordia de Dios estaba sobre Lot. Aún con la advertencia de no mirar atrás, todavía Lot tuvo la osadía de suplicarles que le permitiesen quedarse en una aldea que quedaba cerca de Sodoma y Gomorra, en lugar de tener que irse a la montaña. Los ángeles le concedieron su petición y le permitieron quedarse en una ciudad cercana que también iba a ser destruida. John MacArthur, un reconocido teólogo, plantea en su análisis de esta historia que Lot hizo esa petición porque el estilo de vida de la ciudad aparentemente era superior al de la montaña.[1] ¡Qué paciencia y qué amor tan grande era el que Dios tenía por Lot y su familia! No solo envió a sus ángeles para salvarlo a él y a su familia sino que le dio todas las oportunidades para que se convenciera por sí mismo de que debía abandonar aquella ciudad. Dios, en su inmensa misericordia, llegó hasta el extremo de hacer que los ángeles tomaran a Lot, a su esposa y a sus hijas de la mano para poder salvar sus vidas, porque de otra manera no habrían logrado salvarse. Así fue como mientras Lot y su familia emprendían la huída, Dios hizo llover fuego y azufre sobre Sodoma y Gomorra sin salvarse ni la gente ni la vegetación. La esposa de Lot, de quien no aparece nombre en la Biblia, iba detrás de él —como era la costumbre oriental— pero desobedeció la advertencia que le habían hecho los ángeles de no mirar hacia atrás y justo en el instante en que lo hizo, quedó convertida en una estatua de sal.

> Pero la mujer de Lot, que iba tras él, miró hacia atrás y se convirtió en una columna de sal.
>
> —Génesis 19.26 (BLA)

Posiblemente te estarás preguntando por qué Dios convirtió a la esposa de Lot en una estatua de sal, por el simple hecho de mirar hacia atrás. Las cosas no son tan simples como parecen y cada acto que ejecutamos, por más insignificante que parezca, revela mucho de nuestro mundo interior: cuán fuertes son nuestras convicciones, cuáles son nuestras prioridades, en dónde tenemos puesto nuestro corazón. La Biblia dice que donde está nuestro tesoro está nuestro corazón:

> Donde esté su tesoro, allí estarán también los deseos de su corazón.
>
> —Lucas 12.34

El gesto de volver la mirada hacia atrás implica que su cuerpo iba saliendo de la ciudad, pero su deseo —su corazón— se quedaba en aquel lugar. Lo que hacemos demuestra lo que es más importante para nosotras, cuál es el tesoro que valoramos. Si es el dinero, haremos lo que sea necesario por obtenerlo, por encima de todo. Esa pausa que hizo esta mujer para mirar hacia atrás fue un acto de desobediencia porque las instrucciones que toda la familia recibió fueron las de no mirar atrás ni detenerse en ningún lugar del valle durante la huida. Hay pausas y miradas que pueden cambiar el rumbo de nuestra vida para siempre. Mirar hacia atrás denota que te apena mucho dejar el lugar, tus pertenencias, tu bienestar económico y muchas de tus costumbres. Implica que la persona se siente a gusto y se ha acostumbrado al estado de cosas que caracteriza al lugar donde habita. El doctor John Walvoord, un prominente teólogo, afirma que: «La mujer de Lot miró atrás deliberadamente y se volvió estatua de sal, formando así un monumento a la desobediencia».[2] ¡Qué triste es convertirse en un monumento que recuerda para siempre algo tan negativo como la desobediencia! Me parece genial la imagen que utiliza el doctor Walvoord, porque establece, sin lugar a dudas, que en la obediencia hay bendición mientras que en la desobediencia hay muerte y destrucción. Si bien es cierto que hay errores de juicio o actos de desobediencia que nos dan la oportunidad de arrepentirnos, levantarnos y seguir hacia adelante con el perdón y la bendición de Dios, no es menos cierto que hay otras faltas que nos llevan a la muerte física y espiritual. ¡Pero qué bueno que estás aquí conmigo y tienes vida! ¡Todavía puedes desaprender lo que te perjudica espiritual y emocionalmente, liberarte de todo eso que te atrasa y aprender que el perdón de Dios te permite soltarte de ese pasado que te detiene y te mantiene paralizada! ¡Decídete a caminar hacia delante, sosteniendo firmemente la mano de Dios, para así lograr alcanzar la plenitud de vida que Él ya había planificado para ti desde que te creó!

¿Qué aprendemos de la experiencia de esta mujer y su familia? Necesitamos aprender a obedecer la voz de Dios que está en la Biblia para que podamos dirigir nuestros pasos. Jamás debemos tomar la forma del lugar en que vivimos. Es necesario que tengamos bien definidos nuestros principios y que conservemos la capacidad de indignarnos, para que nunca asimilemos por la fuerza de la costumbre actos que nos denigran y van en contra de nuestro código de ética que es la Biblia. Debemos mantenernos alejados de todo lo que corrompe nuestras buenas costumbres. Si evaluamos hasta dónde ha llegado nuestra sociedad, nos daremos cuenta de que para que las personas hayan llegado a tolerar lo intolerable, hace mucho tiempo comenzaron a aceptar como algo normal pequeños actos equivocados que aparentaban ser inofensivos. Esta actitud de tolerancia y naturalidad ante el error y el pecado fue aumentando según las personas se iban adaptando a la maldad. Hoy día estamos siendo testigos de los extremos en las aberrantes formas de pensamiento, en las modas peligrosas que ha ido adoptando la gente, en las palabras violentas que se utilizan a diario en las calles, en las relaciones de familia cada vez más disfuncionales y hasta en el coraje que tantas personas sienten hacia Dios. En el tiempo que estamos viviendo, pensar de acuerdo a valores y principios es estar fuera de moda, tener una mente anticuada. Pero lo más curioso es que esa liberalidad de pensamiento que tantas mujeres defienden no les ha dado resultados en sus propias vidas. Defienden lo indefendible, aceptan lo inaceptable y toleran lo intolerable. Y el resultado de esa conducta es una vida hueca, amargada y vacía que la mayoría de las veces la mujer cree que la puede llenar con el amor de un hombre. Sin embargo, anhelo que comprendas que hasta que no aprendas a ser feliz sola y a sentirte llena del amor de

Dios, y mientras no seas capaz de superarte por encima de las circunstancias, no podrás enamorarte. La mujer debe casarse cuando se sienta lista para compartir su felicidad. Nunca debería hacerlo para llenar el vacío que siente en su corazón ni en su espíritu. Algo que jamás logrará a menos que ponga su casa espiritual en orden, porque mientras no lo haga, su vida emocional y física permanecerá en completo desorden.

Mirar hacia atrás después de haber tomado una decisión, es abrir la puerta de la tentación que nos invita a regresar al estado en que estábamos. Es revivir pensamientos y sentimientos sobre eventos que permanecen como estatuas que es imposible moldear porque, de la misma manera en que ocurre con el yeso o la arcilla, ya el pasado está endurecido. Lo único que podemos hacer es analizar nuestras acciones y determinar cuáles fueron nuestros errores. Y este análisis no es para experimentar un periodo de culpa enfermiza por lo que hicimos o un resentimiento igualmente destructivo por lo que nos hicieron, sino para aprovechar las lecciones que aprendimos pues nos resultarán muy útiles para próximas ocasiones en que nos veamos ante un evento similar. Atesora todo ese aprendizaje, que muchas veces lo obtenemos experimentando un dolor profundo, porque ese cúmulo de situaciones y lecciones aprendidas es lo que conocemos como experiencias. Lo importante es que, si las sabemos procesar, todas ellas van formando nuestro carácter. Si no las usamos sabiamente, se convertirán en una culpa malsana que se irá acumulando con otros resentimientos y otras sensaciones de frustración que darán como resultado a una mujer deprimida y amargada que atrae todo lo negativo. Conviene tener presente que de acuerdo al patrón de pensamientos, sentimientos y acciones que desarrollemos, así será nuestra calidad de vida.

Suéltate hoy de todo lo que te atrasa en tu caminar diario. Obedece incondicionalmente los preceptos que Dios nos dejó en la Biblia, para nuestro beneficio, y sé feliz. El pasado es como un automóvil averiado que ya no podrá moverse nunca más. Si Dios mismo te manda a dejar el pasado atrás y a enfocarte en Él para que tu presente y tu futuro sean fructíferos, ¿por qué continuar echándole gasolina a ese automóvil que jamás se moverá? Mi amiga querida, ¡lo que pasó, pasó! Aléjate de todo lo que te impide ser creativa y encuentra nuevas soluciones a viejos problemas que han ido pasando de generación en generación porque nadie se ha propuesto romper con el círculo vicioso de la víctima: «Recuerdo, me siento culpable, me angustio, caigo en el agujero de la depresión y ya no veo más nada positivo en mi caminar». Es imprescindible que dejes ese patrón tan negativo atrás y lo cambies por este: «Pido perdón a Dios, perdono, me perdono a mí misma, me libero de la culpa, aprendo la lección, me siento libre y tengo la paz que necesito para ser creativa en la solución de problemas y estar en paz con Dios, conmigo misma y con los demás». Lo que pasó, ya pasó. Ahora debemos continuar disfrutando de nuestro viaje por la vida con la seguridad de que no importa cuán tortuoso se ponga el camino, Dios está en control. Confía siempre en Él y no mires hacia atrás. Atesora el siguiente pasaje bíblico y hazlo tu forma de vida.

> Confía en el Señor con todo tu corazón, no dependas de tu propio entendimiento. Busca su voluntad en todo lo que hagas, y él te mostrará cuál camino tomar. No te dejes impresionar por tu propia sabiduría. En cambio, teme al Señor y aléjate del mal. Entonces dará salud a tu cuerpo y fortaleza a tus huesos.
>
> —Proverbios 3.5–8

En ese pasaje bíblico está la clave para caminar victoriosamente hacia la felicidad y la paz: «Confiar en Dios». El diccionario define el vocablo *confiar* como «esperar con seguridad y credulidad que algo suceda o que alguien se comporte como se desea».[3] Esa es la definición de fe que ya hemos visto en la epístola del apóstol Pablo a los Hebreos:

> Ahora bien, la fe es la garantía de lo que se espera, la certeza de lo que no se ve.
>
> —Hebreos 11.1 (NVI)

Es estar segura de que las promesas de Dios son fieles y verdaderas, y que se van a cumplir en la medida en que creamos en ellas, tengamos la convicción de que se cumplirán, y obedezcamos su Palabra siempre. Sólo leyendo y escuchando las noticias esperanzadoras del Evangelio podemos contrarrestar las malas noticias del mundo en que vivimos.

Por esa razón, mi amiga querida, mira al cielo, agradece a Dios este nuevo día, extiende tu mirada hacia adelante y, confiadamente, repite en tu corazón: «Lo que pasó, pasó».

CAPÍTULO 17

Lo que pasó, pasó . . .

Ahora soy amorosa y compasiva

Recientemente leí una anécdota en la Internet que ejemplifica a la perfección lo que le ocurre a las personas que se quedan atascadas reviviendo los malos momentos del pasado. Según la narración, cierto día, durante un campamento de verano, un maestro les pidió a sus estudiantes que al día siguiente, trajeran una bolsa de plástico transparente y un saco lleno de papas. Luego les pidió a cada uno de ellos que tomara una papa por cada persona a la que se habían rehusado a perdonar, y que escribieran sobre la cáscara de la papa el nombre de quien les había ofendido y la fecha del suceso. Una vez terminaran de escribir los nombres de todas las personas por las que aún sentían algún resentimiento, debían echar cada una de las papas que ya tenían los nombres, en la bolsa plástica que habían traído. Después de haber terminado de escribir y echar en la bolsa plástica todas aquellas papas que representaban a las personas a quienes ellos no habían perdonado, quedó claro que algunas de las bolsas estaban muy pesadas. Esto comprobó que había mucha amargura y resentimiento guardado en el corazón de aquellos estudiantes. Una vez terminó el proceso, el profesor les pidió que cargaran aquella bolsa con las papas bien pegada al cuerpo por una semana completa y les recalcó que debían llevarla siempre consigo, independiente del lugar al que fueran. Me imagino la algarabía que formaron los estudiantes en la preparación de esta dinámica con las bolsas, las papas, la rotulación con nombres y las fechas y además de todo eso, llevarlas a todos los lugares que fueran. Como era de suponerse, lo que empezó con mucho entusiasmo, dio paso a las quejas de los estudiantes, quienes se lamentaban de tener que llevar aquel gran peso a todos lados. Los jóvenes se quejaban también de que lucían muy mal con ese bolso y peor aún, que cargarlo a todas partes los distraía de las actividades que hacían. Llevar aquella pesada bolsa les hacía sentirse todo el tiempo atados a algo. No obstante, lo más nefasto de aquella dinámica llegó luego, cuando con el paso de los días las papas comenzaron a podrirse y aquel mal olor horrible que salía de cada bolsa se esparcía por todos los lugares que ellos visitaban, dejando a su paso una atmósfera muy desagradable, aún cuando ellos ya habían dejado el lugar.[1]

Al terminar de leer este relato, casi podía sentir el cansancio que sufrieron esos muchachos al caminar toda una semana con una pesada bolsa repleta de papas malolientes. Posiblemente, mientras te narraba cómo ellos escribían en cada una de aquellas papas los nombres de quienes les ofendieron, tú también comenzaste a recordar ofensas no perdonadas que también las echaste de forma inconsciente en tu mente hace ya muchos años, sin que nadie te mandara a hacerlo. Sin darte cuenta has venido caminando a lo largo de tu existencia cargando con un peso y una podredumbre espantosa que ha dañado tu relación con tu esposo o novio, con tus hijos, con tus padres biológicos o de crianza, con tus compañeros de trabajo, con la gente de la iglesia que visitas; en fin, con todos los que te relacionas en tu caminar diario. Como decía una canción muy vieja que ya no recuerdo ni el título, pero estas líneas se quedaron grabadas en mi recuerdo: «Todo el mundo en contra mía, porque saben que te quiero, todo el mundo en contra mía, y yo, contra el mundo entero». Así viven muchas mujeres hoy día, luchando contra ellas mismas, maltratando a los que tienen cerca y odiando a la humanidad sin siquiera conocerla personalmente. Llevan un odio tan arraigado en el corazón que muchas veces no tienen ni idea de dónde proviene. Viven insatisfechas, amargadas, desesperanzadas, creyendo que todo el mundo es maldito, que todos les quieren hacer daño.

Uno de los problemas serios que confronta quien ha tenido experiencias dolorosas y no ha sanado las heridas que le dejó determinada situación, es que carga con un peso innecesario. Tal como hacían los jóvenes con el bolso de papas, aquel que se resiste a perdonar, lleva su dolor y su resentimiento a todos los escenarios de la vida: familia, trabajo, iglesia, vacaciones o cualquier relación interpersonal. En su ignorancia, contamina todo su ser con la amargura que viene cargando del pasado y a la vez impregna todo lo que está a su alcance en el presente, amargando así también el futuro. Por lo general, la persona herida continúa hiriendo, consciente o inconscientemente, a quien se encuentra a su paso. Por eso, dice el refrán que «hiere quien ha sido herido». El rencor le sale de lo más profundo de su corazón aunque no sepa que ese sentimiento está alojado en su ser. Fíjate cuántos de los que han sido maltratados en su niñez, que conocen en carne propia lo que se sufre, hoy día también maltratan a sus hijos y a sus cónyuges. No pueden ver a nadie feliz porque resienten la libertad con la que viven los que están libres de amargura. Los amargados desperdician la bendición que Dios les ha dado de vivir alegremente y en armonía por el tiempo relativamente corto que pasarán en este mundo, si lo comparamos con la eternidad. Peor aún, quienes se niegan a dejar el pasado atrás, pierden la oportunidad de disfrutar el sabor del perdón y de avivar en sus corazones el amor perfecto que solo encontramos en Dios.

Imagínate cuánto Él nos ha amado que dio a su único Hijo para que todos los que crean en Él, no se pierdan sino que tengan vida eterna. Lee este pasaje y reflexiona en esta carta de amor que Dios te envía en el día de hoy, para que evalúes si es de sabios odiar e ir por la vida diseminando el olor fétido del rencor y la oscuridad que define al maligno.

> Pues Dios amó tanto al mundo que dio a su único Hijo, para que todo el que crea en él no se pierda, sino que tenga vida eterna. Dios no envió a su Hijo al mundo para condenar al mundo, sino para salvarlo por medio de él. No hay condenación para todo el que cree en él, pero todo el que no cree en él ya ha sido condenado por no haber creído en el único Hijo de Dios. Y esta condenación se basa en el siguiente hecho: la luz de Dios llegó al mundo, pero la gente amó más la oscuridad que la luz, porque sus acciones eran malvadas. Todos los que hacen el mal odian la luz y se niegan a acercarse a ella porque temen que sus pecados queden al descubierto. Pero los que hacen lo correcto se acercan a la luz, para que otros puedan ver que están haciendo lo que Dios quiere.
>
> —Juan 3.16–21

Después de leer este hermoso pasaje podemos concluir que de ninguna manera debemos caminar por la vida con un peso que no nos corresponde llevar. ¡Es de sabios amar y perdonar no importa cuán grande sea la ofensa que nos hayan hecho ni cuánto tiempo haya pasado ni quién la haya cometido! La decisión más sabia es amar. Para lograrlo es necesario que nos demos a nosotras mismas el regalo de abrir nuestro corazón y entendimiento, de tal manera que esta Palabra impregne todo nuestro ser. Solo así nuestro corazón será transformado por el poder de Dios, quien dio a su único Hijo por amor a cada uno de los que fuimos creados por Él, para que fuéramos salvos por el sacrificio de Cristo en la cruz. Para poder perdonar a quienes nos ofenden es vital comprender que Jesucristo no merecía la muerte porque Él no pecó. Sin embargo, aunque nosotros no merecíamos que Él nos perdonara; por su amor, su gracia, su misericordia y su compasión, Él nos perdonó. ¿Cómo tú y yo vamos a negarle nuestro perdón a quien nos ofende, si nosotras fuimos perdonadas por Él sin merecerlo? ¡Qué maravilloso es saber que no hay condenación para los que creemos en Él!

Vuelve a leer ese pasaje bíblico con detenimiento para que veas que también nos dice que la luz de Dios vino al mundo pero muchos lo rechazaron porque la gente amó más las tinieblas que la luz. Y hoy se sigue repitiendo la misma historia pues son muchos los que ni se atreven a acercarse a la luz de Dios porque temen que su maldad sea alumbrada y, por consiguiente, descubierta. Amiga querida, no formes parte del grupo de los que rechazan la luz sino de los que amamos la luz y perdonamos incondicionalmente cualquier ofensa no importa lo grande que parezca. Conviene que comprendas que perdonamos por amor, solo por amor. Cuando hacemos lo correcto, lo que dice la Palabra de Dios, estamos obedeciendo a nuestro Padre celestial y los demás pueden ver reflejado a Jesús en nuestra vida. Sin palabras, solo con nuestra manera de vivir, marcamos un contraste entre la bondad que practicamos los que amamos a Dios y la maldad que seduce a los que viven sin fe ni esperanza. Nos convertimos en agentes de cambio comenzando con nosotras mismas, al acercarnos a Dios y obedecer los mandamientos que nos dejó en su Palabra. Una vez hemos formado nuestro carácter a la luz del modelo de nuestro Creador, continuamos ese proceso de sanidad y desarrollo espiritual, impregnando a todos aquellos que se acercan, con el rico aroma de la fe, el amor y la compasión que Dios derramó en nuestro corazón desde que le permitimos que reinara en nuestra vida.

Si queremos caminar por este mundo sin el peso del pecado, la única puerta para lograrlo es aceptar a Jesús en nuestro corazón, porque solo Él es el camino, la verdad y la vida. Solo su amor transforma, perdona y nos sana las heridas del pasado, no importa cuán grandes y profundas sean. El amor de Dios tiene que ocupar el primer lugar en nuestra vida. Solo a Él le corresponde esa posición privilegiada en nuestra mente para que de ahí salgan los mandatos y decisiones de amor, compasión, comprensión y perdón para toda la gente que tocamos en nuestro paso por este mundo. Es menester que amemos a Dios, luego a nosotras y al prójimo como a nosotras mismas. Cuando actuamos en obediencia a su Palabra, no quedará espacio ni en el corazón ni en la mente para odiar ni para almacenar resentimiento porque aprenderemos a ver al mundo como Él nos vio a nosotras, con una misericordia infinita.

Si la carga del resentimiento pudiera ser literalmente visible en los cuerpos de quienes se niegan a perdonar a aquellos que les ofendieron, y si los nombres y los apellidos de esos ofensores se acumularan en la espalda de los que son incapaces de perdonarles, ¿te imaginas cuántas personas caminarían jorobadas por el peso del resentimiento? Y si con el paso del tiempo, ese resentimiento se pudriera, tal como vimos en el caso de la bolsa de papas que cargaban los jóvenes de la anécdota que les relaté al principio de este capítulo, imagínate cómo sería el mal olor que tendríamos a nuestro alrededor. No obstante, aunque literalmente no vemos las bolsas llenas de rencor y no percibimos a nivel físico el hedor que producen, podemos sentir la atmósfera violenta y de amargura que existe en las familias y en la sociedad en general. El dolor se hace visible en la manera de vivir de la gente, en sus muecas de infelicidad y en la amargura que se marca en sus rostros.

La falta de perdón, ya sea porque no se ha perdonado a otros o porque la persona no se ha perdonado a sí misma es una de las raíces principales de la depresión. Esto es así porque a fuerza de estar rumiando sentimientos negativos como el odio, la amargura y la venganza, la persona comienza a hundirse en la ansiedad, la tristeza, la desesperanza, el pesimismo, la culpa y el desamparo, hasta quedar confinada en el problema y sin fuerzas para salir de él. Llega el momento en que la persona se aísla totalmente y no se anima ni a compartir con otros.

Cuando en lugar de reciclar los sentimientos de rencor y amargura, decidimos obedecer el mandato del amor divino y perdonar incondicionalmente, entra la luz de Cristo a iluminar todo nuestro ser. Esa claridad sanadora permite que esos sentimientos negativos sean sustituidos por el amor poderoso y restaurador de Dios. Es así como en lugar de criticar, juzgar y maltratar a quienes te ofenden, aprendes a verlos con ojos de misericordia. Gracias a la luz de Cristo, se ilumina tu corazón y puedes comprender el dolor que están experimentando.

Decídete a cultivar el amor en el jardín de tu vida, en lugar de abonar con tu amargura los yerbajos de odio que nacen en tu corazón cuando te niegas a perdonar. El odio nubla el entendimiento y no te permite razonar ni evaluar con objetividad. Esto te impide restaurar las relaciones que se han roto por malos entendidos, por luchas innecesarias, por el deseo insensato de tener la razón, por celos, envidias . . . en fin, por la falta de amor en el corazón. La Biblia nos advierte:

> El odio despierta rencillas; pero el amor cubrirá todas las faltas.
>
> —Proverbios 10.12 (RVR1960)

El verdadero amor apoya, es tolerante, perdona. El odio destaca las faltas en vez de cubrirlas, recuerda la ofensa en lugar de perdonar, siembra discordia en lugar de paz.

Mi amiga querida, si Dios nos perdona siempre y nos regala un amor incondicional, ¿quiénes somos nosotras para mantener una actitud desafiante contra quien nos ofendió? Así como Dios nos perdonó, aprendamos a perdonar a otros para que seamos personas libres sin reservas de rencor, porque a fin de cuentas, la vida continúa y no podemos regresar al pasado. Otorgar el perdón a quien nos ofendió, nos traicionó y hasta pisoteó el amor que le regalamos, nos libera de esa cárcel en la que nos mantiene cautivos el rencor y a la vez, libera a quien nos ofendió. Nuestro perdón resulta liberador para ambos porque mientras alimentamos el resentimiento y el odio hacia el que nos hizo daño, vivimos encadenados a esa persona. Al perdonarle rompemos ese vínculo con el ofensor y él a su vez se siente libre para vivir. Sentirse odiado debe ser una carga insoportable, pero saberse perdonado nos quita el peso de la culpa y nos devuelve la libertad para amar.

> Con amor inagotable y fidelidad se perdona el pecado. Con el temor del Señor el mal se evita. Cuando la vida de alguien agrada al Señor, hasta sus enemigos están en paz con él.
>
> —Proverbios 16.6-7

El amor y la fidelidad de Dios son infinitos, por eso es que solo adheridos a Él podemos manifestar a otros esa calidad de amor y fidelidad. Cuando no lo hacemos, quiere decir que el amor de Dios no se ha perfeccionado en nuestra vida. No te frustres si descubres que todavía no has madurado en el amor. Así como crecemos físicamente, también nos desarrollamos a nivel espiritual. Lo importante es reconocer que necesitamos perfeccionarnos en el amor, y como logramos esa transformación es persistiendo en la obediencia a la Palabra.

> Y estoy seguro de que Dios, quien comenzó la buena obra en ustedes, la continuará hasta que quede completamente terminada el día que Cristo Jesús vuelva.
>
> —Filipenses 1.6

En este pasaje bíblico, el apóstol Pablo les dice a los filipenses que Dios empezó la obra en ellos y va a seguir trabajando en sus vidas hasta completarla.

Mujer, decídete a ser firme, a corregir con autoridad aquello que te ofende, pero no olvides que esa firmeza siempre debe ir acompañada de una profunda compasión. Amonesta siempre con palabras que lleguen al corazón de la gente y que provoquen cambios extraordinarios en tu relación con los demás. Procura que en todo momento se manifieste en ti el carácter de Jesús. Suelta el bolso pesado del rencor que no te deja avanzar y que te impide ver las bendiciones de Dios, porque a fin de cuentas, «lo que pasó, pasó». ¡Decídete a ser feliz porque cuando se perdona de corazón, el amor florece y los cielos se abren para regalarte lluvias de bendición!

CAPÍTULO 18

Lo que pasó, pasó . . .

Ahora soy consciente de la imperfección de la justicia terrenal

La palabra justicia se escucha todos los días, por todos los medios y en labios de muchísimas personas. Cada quien asegura que tiene la verdad y se proclama justo e imparcial. Mientras tanto, la figura de la mujer que representa a la justicia —esa estatua que espera pacientemente, con la balanza en la mano y los ojos vendados, para determinar lo que es justo— permanece callada ante las injusticias que vemos a diario a través de los medios de comunicación, en las escuelas, en las agencias de gobierno, en los hospitales, en los hogares y hasta en las iglesias y en los propios tribunales. El problema es que ella no ve, no escucha ni habla. Por más que esperemos ansiosos para escuchar su justo juicio, nunca lo podrá emitir y nos tendremos que conformar con los métodos imperfectos de administrar la justicia que se usan en los tribunales y que son administrados por gente imperfecta. Por eso, hoy día, a pesar de todos los adelantos y del conocimiento que existe, el mundo sigue hacia adelante sin que todavía haya quien finalmente esté calificado para ejercer una justicia perfecta.

El diccionario define la palabra *justicia* como «la virtud que inclina a dar a cada uno lo que le pertenece o lo que le corresponde».[1] Pero, ¿quién decide con rectitud y con acierto lo que cada uno merece? He aquí el gran dilema: ¿Quién define lo que es justo?

Considero que uno de los grandes problemas que tiene la gente para dejar el pasado atrás es que constantemente, ante cada reto que la vida les presenta, se pasan declarando: «Es que eso no es justo». Y acto seguido comienzan a preguntarse: «¿Por qué me pasa esto a mí?» Si cada uno decidiera hacer una lista de los porqués de la vida, yo también tendría la mía: ¿Por qué mi papá murió a los cincuenta y cinco años cuando hay tantos hombres que cometen fechorías y pasan de los ochenta? ¿Por qué me robaron mi auto y apareció desmantelado, en los años en que más necesidad económica tenía? ¿Por qué después de que mi auto apareció y lo mandamos a arreglar, me lo intentaron robar de nuevo? ¿Por qué me hicieron un asalto a mano armada y lograron robarme mi otro auto de apenas dos años de uso?

¿Por qué asesinaron a mi yerno en un robo a mano armada? ¿Por qué mi hija enviudó a los veinticuatro años de edad y mi nieta quedó huérfana a los dieciocho meses de nacida? ¿Por qué mi hijo se cayó de una altura de quince pies mientras estaba disfrutando en un lugar de diversión con un grupo de los jóvenes de la iglesia? ¿Por qué mi mamá tiene cáncer, cuando ella ha sido tan buena y dedicada a sus cinco hijos? La lista de mis cuestionamientos podría ser interminable. Cuando queremos preguntar y demostrar nuestro desacuerdo con todo lo inesperado que nos ocurre, las preguntas brotan como de una fuente y mientras más preguntas nos hacemos, más inquietudes surgen en nuestra mente y menos satisfechos nos sentimos con la vida y con Dios. Esa práctica de cuestionarle a Dios todo lo que nos ocurre es muy peligrosa y no resuelve absolutamente nada.

Otras mujeres que he atendido en mi oficina de consejería de familia probablemente tendrían otras preguntas como estas: ¿Cómo perdono la infidelidad de mi esposo? ¿Por qué esto me pasa a mí que he sido tan buena con él? ¿Cómo voy a perdonar a la amante de mi esposo? ¿Cómo podré amar a los hijos que tuvo con la otra mujer? ¿Por qué Dios permitió que me violaran? Y la lista no tiene fin. Si le preguntáramos a diferentes mujeres cuáles son sus cuestionamientos a Dios, podríamos hacer una enciclopedia solo de preguntas y reclamos.

Hace muchísimos años que me di cuenta de que hay preguntas que no tienen contestación humana posible y resolví mi incapacidad de responderlas diciendo que tengo una libreta en la que escribo todas las preguntas que le voy a hacer a Dios cuando llegue al cielo. Yo sé que como Él es mi padre amante, me las va a contestar todas. Sin embargo, muchas de mis preguntas y preocupaciones las he visto contestadas a través de mi lectura concienzuda de la Biblia. Estudiando la Palabra, comprendí que lo mismo pasa al justo y al injusto, la gran diferencia está en lo que cada uno hace con lo que le sucede; la manera en que reaccionamos ante lo que nos ocurre.

> Han oído la ley que dice: «Ama a tu prójimo y odia a tu enemigo». Pero yo digo: ¡ama a tus enemigos! ¡Ora por los que te persiguen! De esa manera, estarás actuando como verdadero hijo de tu Padre que está en el cielo. Pues él da la luz de su sol tanto a los malos como a los buenos y envía la lluvia sobre los justos y los injustos por igual. Si sólo amas a quienes te aman, ¿qué recompensa hay por eso? Hasta los corruptos cobradores de impuestos hacen lo mismo. Si eres amable sólo con tus amigos, ¿en qué te diferencias de cualquier otro? Hasta los paganos hacen lo mismo. Pero tú debes ser perfecto, así como tu Padre en el cielo es perfecto.
>
> —Mateo 5.43–48

El hecho de comprender que lo mismo le sucede a unos y a otros, me eliminó la mayoría de las preguntas que me hacía cuando algo no me salía como yo esperaba. Esto me enseñó que el mismo Dios, quien es perfecto, alumbra a todos independientemente de sus acciones. ¿Quiénes somos nosotros para estar cuestionando la soberanía de nuestro Creador? Es menester que entendamos que vivimos en un mundo lleno de imperfecciones y si no aprendemos esta lección viviremos perennemente quejándonos de las injusticias que vemos a diario y nos convertiremos en gente rebelde y amargada.

En medio de toda la vorágine de caracteres, culturas, ideas y filosofías de vida, surgen los tribunales de justicia para poder regular nuestra manera de vivir en esta sociedad, pero de ninguna manera ejercerán sus funciones con perfección porque ellos mismos son imperfectos. En todo lo que ponemos nuestra mirada, sea material o humano, hay imperfección y no existe algo que dure para siempre. Y si todo lo que existe es imperfecto, entonces, ¿por qué nos extrañamos tanto cuando vemos las injusticias? En un mundo imperfecto prevalecerá la injusticia. El único perfecto que puede juzgar sin temor a equivocarse es Dios. Por tal razón es que la Palabra nos advierte que nunca nos venguemos cuando recibamos las malas acciones de los demás.

Queridos amigos, nunca tomen venganza. Dejen que se encargue la justa ira de Dios. Pues dicen las Escrituras: «Yo tomaré venganza; Yo les pagaré lo que se merecen», dice el Señor. «Si tus enemigos tienen hambre, dales de comer. Si tienen sed, dales de beber. Al hacer eso, amontonarás carbones encendidos de vergüenza sobre su cabeza».

—Romanos 12.19–20

El mandato es claro y nos dirige a que nunca tomemos la venganza en nuestras manos sino que aprendamos a perdonar y a dejar que Dios se encargue de pelear por nosotras, porque su justicia es perfecta y la ejecuta en su tiempo perfecto. Él sabe disciplinar sin dejarse arrastrar por la ira desenfrenada porque Él tiene control. No importa lo que te hayan hecho ni cuánto te hayan traicionado, Dios le pagará justamente a cada uno de los que te ofendan o te hagan daño. No obstante, nuestro Padre celestial todavía nos pide algo más: «Si tus enemigos tienen hambre, dales de comer. Si tienen sed, dales de beber. Al hacer eso, amontonarás carbones encendidos de vergüenza sobre su cabeza». A través de su Palabra, Dios nos está diciendo que no les hagamos daño de ninguna manera a nuestros enemigos. Y todavía nos exige más, cuando explica que si nuestros enemigos tienen hambre, les demos de comer y si tienen sed les demos de beber porque cuando le hacemos el bien a quien nos ha herido, le avergonzaremos con nuestra buena manera de tratarlo. Es importante comprender que causarles vergüenza a nuestros enemigos a través de nuestros actos piadosos, no es, de ninguna manera, una forma de venganza. Por el contrario, es ayudar a quien nos ofendió a encontrarse con la misericordia perdonadora de Dios. Me atrevo a asegurar que la forma en que manejamos las injusticias que vemos a diario y la manera como tratamos a los que nos han ofendido, revelan nuestro verdadero carácter y la calidad de amor que albergamos en lo más profundo de nuestro ser. Esto es así porque en las crisis aflora nuestra naturaleza interna y se pone de manifiesto cuán arraigados están los principios divinos en nuestro corazón.

Es necesario comprender que así como clamamos a Dios para que nos haga justicia cuando alguien nos ha hecho un daño inmerecido, de la misma manera funciona el principio de la justicia divina en nuestra vida cuando somos nosotras las que ofendemos o faltamos a la confianza de otros. Y este mismo principio de equidad se aplica además a la vida de nuestros seres más queridos. La justicia divina se distingue porque no hace excepción de personas y por el profundo amor con que se aplica para que las vidas sean transformadas. Hago hincapié en el amor y en la misericordia, para que siempre seas cuidadosa en tu manera de pensar, hablar y actuar, y para que nunca, aunque te provoquen, les des rienda suelta a las emociones cuando observas que te quieran arrastrar hacia lo negativo. Si adviertes que tus pensamientos, tus palabras o tus acciones están tan cargados de negatividad que podrías causar un daño irreparable, refúgiate en el amor de Dios para que puedas frenar el impulso de destrucción que provocan la ira y el rencor. Es indispensable que siempre estés concentrada en tu modelo excelente que se llama Jesús.

Algo que a mí me ha ayudado muchísimo en los momentos en que he recibido ofensas, es imaginar a mis seres queridos en cada uno de aquellos que me han herido. Es más fácil perdonar a aquellos a quienes amamos con todas las fuerzas de nuestro corazón. Cuando amamos con el perfecto amor de Dios, no hay límites para el perdón y dejamos atrás las ofensas porque el amor que sentimos por la persona que nos hirió es tan profundo que no le queremos recordar el dolor que sufrió cuando nos ofendió. Y aunque esto puede sonar extraño, lo cierto es que cuando una persona daña a otra, sufre terriblemente por la vergüenza de haber traicionado el amor y la confianza de la relación sea de amistad o de pareja. El sentimiento de culpa que aflora cada vez que recuerda el dolor que ocasionó, hace que el ofensor vuelva a sufrir incesantemente porque una y otra vez recrea en su imaginación el daño que causó. Por eso, es importante que después de una situación de conflicto haya la debida atención a cada una de las partes involucradas porque no tenemos idea de cómo las personas procesan sus emociones en momentos de tensión.

Un excelente ejemplo de la carga emocional que conlleva el sentimiento de culpa es el de Judas, quien vendió a Jesucristo por treinta monedas de plata. Como expliqué al principio del libro, todos los errores acarrean consecuencias y pueden ser perdonados por el ofendido, pero hay consecuencias que son irreversibles aunque nos arrepintamos de lo que hicimos. Estas situaciones requieren aún más atención porque la persona puede sentirse que ya no hay solución para su desobediencia o pecado. En el caso de Judas el resultado de su mala acción fue irreversible porque implicó la muerte de Jesucristo. ¿Te imaginas cómo se habrá sentido Judas cuando supo que Jesucristo había sido condenado a muerte?

> Cuando Judas, quien lo había traicionado, se dio cuenta de que habían condenado a muerte a Jesús, se llenó de remordimiento. Así que devolvió las treinta piezas de plata a los principales sacerdotes y a los ancianos.
>
> —He pecado —declaró—, porque traicioné a un hombre inocente.
>
> —¿Qué nos importa? —contestaron—. Ese es tu problema.
>
> Entonces Judas tiró las monedas de plata en el templo, salió y se ahorcó.
>
> —Mateo 27.3-5

Dice la Palabra que cuando Judas se dio cuenta de que habían condenado a muerte a Jesús, se llenó de remordimiento. Admitió que había pecado y hasta ahí estaba actuando bien, pero se dejó arrastrar por el remordimiento y eso le impidió llegar al arrepentimiento. Arrepentirse es confesar delante de Dios que hemos pecado, pedirle perdón a quien hemos ofendido, corregir nuestro mal proceder, dejar lo ocurrido atrás porque ya lo resolvimos con el perdón y de ahí en adelante, dar frutos dignos de arrepentimiento. Judas no se arrepintió, se quedó solo mordiendo una y otra vez su conciencia, recreando en su mente el pecado cometido y atormentándose hasta perder el juicio. Eso le impidió ver que tenía frente a él a Jesucristo, el perdón personificado. Por esa razón, en lugar de experimentar la paz que nos brinda el arrepentimiento, se condenó a sí mismo al acto de desesperación más triste y terrible, el suicidio. Y con el suicidio se acabó toda posibilidad de esperanza. Ni descansó en esta vida ni tuvo acceso a la vida eterna.

Hoy, anhelo de todo corazón que comprendas que no importa cuán bajo hayas caído, el amor de Dios cubre todas nuestras faltas y siempre nos perdona. Supera el remordimiento y la culpa, que nos dejan solamente en el reconocimiento del error, y camina hacia el arrepentimiento, para que seas liberada de las cadenas del pecado y del pasado. Cuando desobedezcas la Palabra, en lugar de sumergirte en la culpabilidad, confiésale a Dios en oración todas tus faltas, apártate de lo que te daña y alcanzarás Su misericordia. La culpa enfermiza te devalúa, te hace sentir miserable y como piensas que ya no tienes remedio, te lleva a repetir una y otra vez la mala acción, mientras que el arrepentimiento te libera y te lleva a ver el rostro de Dios.

> El que encubre sus pecados no prosperará, mas el que los confiesa y los abandona hallará misericordia. Cuán bienaventurado es el hombre que siempre teme, pero el que endurece su corazón caerá en el infortunio.
>
> —Proverbios 28.13–14 (BLA)

Mi querida amiga, el problema no radica en lo que nos hacen los demás, el verdadero problema está en lo que nosotras decidimos hacer con lo que nos hacen. No daremos cuenta a Dios por lo que otros nos hicieron sino por lo que hicimos nosotras. Obedece la Palabra y no pierdas tiempo archivando maldad y resentimiento en tu alma.

> No paguen mal por mal. No respondan con insultos cuando la gente los insulte. Por el contrario, contesten con una bendición. A esto los ha llamado Dios, y él los bendecirá por hacerlo. Pues las Escrituras dicen: «Si quieres disfrutar de la vida y ver muchos días felices, refrena tu lengua de hablar el mal y tus labios de decir mentiras».
>
> —1 Pedro 3.9–10

La Palabra es clara: nos ordena a no pagar mal cuando recibimos un mal y nos exhorta a no insultar cuando nos insultan. Nos insta a devolver todo lo contrario a la acción recibida, nos manda a bendecir. El sinónimo de *bendecir*, esta palabra tan usada pero poco practicada, es *santificar* que significa *hacer santo a alguien y honrarlo como tal*.[2] Así que cuando tú me bendices o yo te bendigo, te estoy honrando y dedicando tu vida a Dios. Además de eso, te estoy santificando, es decir te veo con los ojos de Cristo. ¿No te parece que esta acción es apasionante, bella y bendita? ¡Te imaginas cómo serían los hogares, los pueblos, los países y el mundo entero si asumiéramos esta actitud! ¿Te imaginas cómo cambiaría tu vida, si comenzaras a practicar lo que realmente significa la palabra bendición?

Todo lo que Dios ha dicho en su Palabra es con un propósito determinado. Por eso es tan importante que en lugar de estar preguntándonos todo el tiempo por qué esto o por qué lo otro, debemos ir bendiciendo a nuestro paso a todos los que nos encontremos pues no sabemos cuantas personas podrían ser transformadas por nuestra manera de vivir. Además, de todos los seres que se cruzan con nosotros a lo largo de nuestro camino, siempre aprendemos algo. Un predicador a quien mi esposo y yo amábamos mucho y lo seguimos recordando con mucho cariño, nos decía que hay gente que funciona como una lija en nuestras vidas. Con esto quería decir que para tratarlos tenemos que desarrollar paciencia y echar mano del amor de Dios. En la medida en que somos pacientes, amorosos y compasivos se va limando nuestro carácter. En ese proceso, en el que aparentemente nos hacen la vida imposible, sin ellos percatarse, están ayudándonos a limar nuestras debilidades para que se conviertan en fortalezas.

Probablemente te estarás preguntando, ¿y si después de haber practicado el amor, la persona persiste en su mal proceder? La Biblia dice que hagamos todo lo que esté en nuestras manos hacer para que logremos vivir en paz con todos. No nos manda a insistir y a provocar controversias con quien no quiere tratar con nosotros. Lo importante es que, aunque limites el contacto con la persona con quien tienes desacuerdos, en tu corazón, tú continúes bendiciéndola para que no dejes que crezcan raíces de amargura en tu ser.

> Hagan todo lo posible por vivir en paz con todos.
>
> —Romanos 12.18

Haz siempre tu parte y no olvides jamás que Dios es tu defensor. Lo que pasa es que Dios no tiene reloj y nosotras sí. A veces pensamos que Dios está esperando demasiado, que ya se le olvidó el daño que nos hicieron y que la maldad está triunfando, pero no es así. Dios es soberano y actúa cuando Él quiere, y como Él quiere, porque Él lo sabe todo y conoce el tiempo preciso para establecer su justicia perfecta.

> No se dejen engañar: nadie puede burlarse de la justicia de Dios. Siempre se cosecha lo que se siembra. Los que viven sólo para satisfacer los deseos de su propia naturaleza pecaminosa cosecharán, de esa naturaleza, destrucción y muerte. Pero los que viven para agradar al Espíritu, del Espíritu, cosecharán vida eterna. Así que no nos cansemos de hacer el bien. A su debido tiempo, cosecharemos numerosas bendiciones si no nos damos por vencidos. Por lo tanto, siempre que tengamos la oportunidad, hagamos el bien a todos, en especial a los de la familia de la fe.
>
> —Gálatas 6.7–10

No te desesperes, nadie podrá pasar por encima de la justicia divina ni podrá dañarte a menos que tú misma lo permitas. Cada quien tendrá que responder ante Dios por sus actos y recibirá multiplicado todo aquello que haya sembrado en su caminar por la vida. Así que, mi amiga querida, la decisión es amar, tener paciencia, perdonar y comprometerte a soltar el pasado que te detiene porque lo que pasó, pasó. Comienza desde hoy a celebrar cada segundo de tu vida y decídete a ser muy feliz a pesar de las circunstancias que estés atravesando. ¡Dios y tú son mayoría!

Conclusión

A través de la lectura de este libro he querido que evalúes las experiencias más importantes de tu vida. Es posible que hayan desfilado por tu mente eventos que te trajeron enormes satisfacciones, pero también debes haber evocado aquellos momentos que te arrancaron muchas lágrimas. Tal vez esos episodios que te produjeron un dolor muy profundo te hayan sucedido días, meses o años atrás, pero independientemente del tiempo transcurrido, aún despiertan emociones negativas en ti. Me gustaría que reflexionaras en esas experiencias que te resultaron terriblemente dolorosas y que te preguntaras cuáles te hicieron volver a sentir mucho coraje, posiblemente hasta deseos de venganza, resentimiento, o un intenso dolor. Si descubres que todavía albergas esos sentimientos en tu corazón, quiere decir que no has logrado sanar ese conflicto del pasado. Cuando los conflictos se mantienen vivos en nuestro ser, muchas veces ni nos percatamos de los sentimientos que generan en nosotros, pero esos recuerdos dolorosos tienen la capacidad de aparecer sin que los tengamos que llamar porque se disparan inconscientemente cuando atravesamos circunstancias que nos conectan al pasado y al reaparecer una y otra vez, no nos dejan vivir en paz.

Un vivo ejemplo de esto es el niño que al haber sido abandonado por su papá o por su mamá crece con ese conflicto no resuelto. Gracias a mi experiencia en consejería de familia, me atrevo a asegurar que cuando ese niño llegue a la edad en que comience una relación de amor, muchas veces se tornará muy posesivo porque consciente o inconscientemente le acompañará el miedo a la pérdida que vivió en su niñez. De la misma manera, la hija que no ha perdonado a su padre alcohólico, a veces se casa con un hombre que también tiene una adicción, porque a un nivel inconsciente se activa en ella un rol de rescatadora de hombres que son adictos. Sin que ella se dé cuenta, en su mente está operando el pensamiento de que siendo una niña o una jovencita sufrió mucho por el problema de adicción que padecía su padre sin poder hacer nada para evitarlo porque su papá era la figura de autoridad en su hogar y ella no podía ejercer control sobre él. Ahora se casa con un hombre que padece la misma enfermedad, porque piensa, erróneamente, que estarán de igual a igual en autoridad y ella lo podrá corregir. No obstante, sabemos que ese es un pensamiento equivocado porque nadie puede cambiar a nadie.

El problema más serio que confronta la humanidad es el no poderse desprender del pasado. Las raíces de amargura se han arraigado tanto en la vida de la gente, que arrancarlas de su corazón cuesta trabajo y muchas lágrimas. Es muy difícil doblegar el aspecto carnal que, por lo general, clama por vengarse hasta que recibe la enseñanza de nuestro Maestro perfecto, Jesús. Se nos va la vida escarbando en el pasado, recordando historietas de horror que en nada abonan nuestro crecimiento emocional y espiritual, pero atacan y dañan todo nuestro ser hasta enfermarnos. La historia nos demuestra cómo el odio se glorifica en la vida de la gente hasta cegarlos y convertirlos en seres monstruosos, como el máximo dirigente de la Alemania nazi, Adolfo Hitler, o hasta provocar conflictos bélicos como los vividos en Irlanda del Norte e Irlanda del Sur. Todos perdemos en la batalla del odio y del resentimiento.

Si sufrieras una quemadura de máxima gravedad en tu brazo y después de unas semanas cicatrizara, sería absurdo que siguieras llorando por la herida provocada por el fuego y lamentándote con todos los que encontraras en tu camino, porque estarías consciente de que sería algo ridículo. Te podrías acordar de que una vez te quemaste, para no volver a acercar el brazo al fuego como lo hiciste en el momento del accidente, pero recordarlo no te dolerá. Así mismo, debiéramos hacer con todo lo negativo que nos pasa. Basta con extraer lo que aprendimos de esa experiencia y dejarla en el pasado. La vida es tan cortita que necesitamos estar siempre conscientes del valor que le asignamos a los eventos pasados para no desperdiciar ni un solo segundo en lo que no nos sirve.

Es imprescindible que comprendamos y aceptemos que muchísimas veces la vida no es como quisiéramos que fuera. Esa es una realidad que no podemos cambiar. Lo que sí podemos cambiar es nuestra actitud hacia las circunstancias que nos toca vivir. Debemos madurar y entender que todo lo que es vivo sufre transformaciones, no se mantiene estático. Aun la naturaleza experimenta cambios constantemente y por eso es que, a veces, vemos que en ella domina la quietud, la paz y el sosiego, pero, cuando menos lo esperamos también llegan los tiempos de huracanes, terremotos, tornados y todo tipo de fenómenos naturales que por más que nos asusten, no los podemos impedir. Ante el ímpetu y la capacidad destructora de estos sistemas, lo único que podemos hacer es admitir nuestra impotencia para detenerlos, hacer lo que esté a nuestro alcance para resguardarnos y confiar en la protección de Dios para nuestras vidas y la de nuestra familia.

La naturaleza y los seres vivientes nos permiten ver a diario los innumerables contrastes que nos rodean: hombre–mujer, día–noche, sol–luna, invierno–verano, primavera–otoño, quietud–terremoto, vida–muerte, alegría–tristeza y así podríamos seguir enumerando todos los contrastes que entretejen la vida y que son necesarios para el desarrollo del ser humano y de la propia naturaleza.

De esa misma manera, la combinación de experiencias «buenas» y «menos buenas» irán formando un carácter fuerte en nosotros, en la medida en que aprendamos a capitalizar cada instante de nuestra existencia. Los fuertes vientos que soplarán a lo largo de nuestra vida los podríamos usar a nuestro favor para convertirnos en mujeres firmes y decididas que extraemos lo mejor de las peores experiencias vividas. Asumir esta actitud ante los retos que cada día se nos presenten, nos capacitará para manejar de forma positiva la próxima etapa que nos toque vivir.

Aprendemos a vivir plenamente cuando consideramos nuestra existencia como un proyecto importante que requiere planificación consciente para lograr el propósito para el cual nuestro Padre y Creador nos diseñó. El mismo Hijo de Dios, Jesucristo, nos enseña la importancia de planificar nuestra vida, según los preceptos de su Padre, valiéndose del contraste entre dos palabras con las que se puede calificar al ser humano, de acuerdo con sus ejecutorias: el sabio y el necio. Hizo esta distinción al referirse a dos tipos de hombre, porque tanto uno como el otro construyó una casa, pero de forma diferente:

> «Todo el que escucha mi enseñanza y la sigue es sabio, como la persona que construye su casa sobre una roca sólida. Aunque llueva a cántaros y suban las aguas de la inundación y los vientos golpeen contra esa casa, no se vendrá abajo porque está construida sobre un lecho de roca. Pero el que oye mi enseñanza y no la obedece es un necio, como la persona que construye su casa sobre la arena. Cuando vengan las lluvias y lleguen las inundaciones y los vientos golpeen contra esa casa, se derrumbará con un gran estruendo». Cuando Jesús terminó de decir esas cosas, las multitudes quedaron asombradas de

> su enseñanza, porque lo hacía con verdadera autoridad, algo completamente diferente de lo que hacían los maestros de la ley religiosa.
>
> —Mateo 7.24–29

El sabio fue el que escuchó la Palabra y la puso en práctica, y edificó su vida sobre un fundamento firme: la roca inconmovible que es Jesucristo. Por el contrario, el necio fue quien vivió ignorando los principios de Dios y construyó la casa a su manera, sobre la arena. Así que el sabio la cimentó sobre la roca mientras que el necio la edificó sobre la arena. Ambos hicieron una casa y se iban a enfrentar a los mismos fenómenos de la naturaleza, pero con diferentes cimientos. El sabio podría resistir los más terribles embates, porque edificó sobre un fundamento fuerte, pero se anticipaba que la construcción del necio no soportaría la rudeza de los desastres naturales porque su base descansaba sobre algo tan débil y maleable como la arena.

Jesucristo es la roca inconmovible. Por eso, cuando edificamos nuestra vida sobre sus enseñanzas y principios, crecemos fuertes espiritual, emocional y físicamente. Formar nuestro carácter utilizando el modelo de Cristo nos capacita para enfrentar los vientos y tempestades más fuertes de la vida sin que nuestra casa espiritual y emocional se derrumbe. Además, si confiamos en Jesucristo, Él suplirá todas nuestras necesidades. Aprendamos a ver las experiencias del pasado con el lente divino de la fe y así desarrollaremos la convicción firme de que no importa la prueba que pasemos, Dios estará en nosotros, y con nosotros, para tomarnos en sus brazos y pasarnos al otro lado de la prueba, victoriosamente.

Amiga querida, las crisis y las pruebas lo que hacen es revelar cuál es la calidad del carácter que hemos desarrollado. Las dificultades fortalecen a quienes están firmes, pero van debilitando cada día más a las personas que, en su ignorancia de los principios establecidos por Dios, han construido su vida sobre la arena siguiendo lo que hacen o dicen los demás.

Mujeres, no podemos vivir en la debilidad de la depresión; destruidas, frágiles, perdiendo fuerzas cada día, lamentándonos por la adversidad que nos pueda haber sobrevenido o culpando a otros por nuestra triste situación. ¿Qué adelantamos con esas actitudes?

Es urgente que las mujeres comprendamos que ni la depresión ni la ansiedad ni el llanto ni, mucho menos, adoptar el papel de víctima nos ayudarán a superar las crisis. Por el contrario, quedarnos dando vueltas en esos sentimientos de negatividad, cada vez nos hará caer en un dolor más profundo y nos irá mermando cada día más las fuerzas que tenemos, hasta dejarnos prostradas. Solo tú puedes decidir el fundamento sobre el cual quieres edificar tu vida: ¿Sobre la roca inconmovible que es Jesucristo? ¿Sobre un hombre? ¿Sobre tus hijos? ¿Tu trabajo? Solo hay una decisión que tiene perfecto sentido: ¡Jesucristo!

Hace unos meses hablé con una mujer que estaba desesperada porque su esposo, con quien había estado casada por más de veinte años, no cambiaba su mala manera de comportarse. Sus quejas contra el hombre eran terribles. Lo acusaba de ser infiel a través de la Internet, de tener un trato inapropiado con «amigas», de beber demasiado alcohol, de ver pornografía y de no ocuparse de sus hijos. Argumentó que ya le había dado muchas oportunidades y que ya no iba a continuar en aquella relación. Decidió divorciarse después de unos meses de separación y me sorprendí cuando ya a los dos meses de divorciada estaba involucrada en otra relación sentimental, dejando ver por Internet fotos en las que aparecía con su nuevo enamorado. Yo pensaba en sus hijos y en la manera en que les afectaría esa apresurada decisión de su mamá. ¿Qué estarían pensando de la estabilidad de una madre que comenzaba tan rápido otra relación amorosa? ¿Cómo se sentirían viendo a otro hombre ocupar el sillón y la cama que dejó su papá? ¿Por qué no pasó un tiempo sola, reflexionando y sanando primero los conflictos que le llevaron a ese triste final? ¿Por qué no tomó tiempo para amistarse con Dios? ¿Por qué esa necesidad imperiosa de tener un hombre al lado en todo momento le impidió dedicarse tiempo a sí misma y a sus hijos?

Otro ejemplo de lo que puede ocurrir cuando se vive sin haber desarrollado principios y valores sólidos que nos permitan actuar con sabiduría, es la historia de una mujer casada que se enamoró de un hombre que también estaba casado. En pleno enamoramiento, cada uno decidió divorciarse de su respectivo cónyuge y se casaron sin pensar cómo esto impactaría las vidas de sus hijos, cuyas edades, en ese momento, fluctuaban entre los seis y los trece años. ¿Te imaginas qué lección de vida, de valores, les estaban enseñando a sus hijos que apenas eran infantes o estaban llegando a la adolescencia, etapas en las que los niños preguntan y preguntan hasta saciar su curiosidad? Jamás te sentirás satisfecha con tu vida mientras te pases adivinando o improvisando qué es lo mejor que debes hacer o, peor aún, acomodándote a lo que sientes deseos de hacer en lugar de dirigirte por aquello que debes hacer. Si para construir una casa es necesario hacer un plano, imagínate qué no tendremos que hacer para construir algo tan valioso como nuestra propia existencia. Necesitamos diseñar, una estructura de lo que queremos lograr. Es necesario visualizar a dónde queremos llegar con la vida que Dios nos regaló y comprometernos a seguir el plano que Él nos ha trazado para poder alcanzar la plenitud y la felicidad.

Es imperativo que Dios sea lo más importante en nuestra vida y que sea sobre Él que edifiquemos nuestra casa física, espiritual y emocional. En todos nuestros actos deben proyectarse Sus enseñanzas, lo que a su vez marcará el ejemplo a seguir por nuestros hijos. Amigas, aprendamos a amar con sabiduría, desde la perspectiva divina. No hay nada en el mundo que nos supla el amor, la seguridad, la esperanza y el consuelo que solo Dios nos puede dar. Si en este día te faltan las fuerzas, te invito a que descanses en la certeza de que Dios es quien nos hace fuertes, cuando nos rendimos delante de Él.

Notas

Capítulo 1

1. Joe Dispenza, *Desarrolle su cerebro: La ciencia para cambiar tu mente* (Buenos Aires: Kier, 2008), p. 427.
2. Migdalia López Carrasquillo, *Marginados en un mundo de letras: 14 principios para enseñar con amor, compasión y alegría* (Puerto Rico: Divinas Letras, 2010), p. 175.

Capítulo 2

1. Antonio Machado, *Poemas del alma*, "Caminante no hay camino", http://www.poemas-del-alma.com/antonio-machado-caminante-no-hay-camino.htm.
2. Ibid.

Capítulo 3

1. Word Reference.com, Real Academia Española (RAE), *Diccionario de la lengua española* (Madrid: Espasa-Calpe, 2005), *http://www.wordreference.com/definicion/rumiar.*
2. Fred Luskin,*¡Perdonar es sanar!*, trad. Felipe Cárdenas (Bogotá: Norma, 2006), p. 10

3. Dispenza, *Desarrolle su cerebro*, p. 43.
4. Ibid., p. 43.

Capítulo 4

1. RAE, http://www.wordreference.com/definicion/conciencia.
2. Proverbia.net, 2009, http://www.proverbia.net/citasautor.asp?autor=613/, http://www.proverbia.net/citastema.asp?tematica=17.

Capítulo 6

1. RAE, http://www.wordreference.com/definicion/emoción.
2. Ibid., http://www.wordreference.com/definicion/impulso.
3. Ibid., http://www.wordreference.com/definicion/carácter.
4. Peter Kreef, citado en Santiago Fernández Burillo, "La vida moral", Catholic.net, http://es.catholic.net/empresarioscatolicos/475/1151/articulo.php?id=22274.

Capítulo 7

1. RAE, http://www.wordreference.com/definicion/consolar.

Capítulo 8

1. Louann Brizendine, *El cerebro femenino* (Barcelona: RBA, 2007), p. 26.
2. Brizendine, *El cerebro*, p. 27.

Capítulo 9

1. RAE, http://www.wordreference.com/definicion/fracaso.
2. Proverbia.net, http://www.proverbia.net/citasautor.

asp?autor=214/, http://www.proverbia.net/citastema.asp?tematica=73.

3. Norman Vincent Peale, *Por qué algunos pensadores positivos obtienen resultados poderosos* (Bogotá: Norma, 1987), p. 23.

Capítulo 10

1. RAE, http://www.wordreference.com/definicion/victima.

Capítulo 11

1. Benito Pérez Galdós, *Marianela* (Madrid: Cátedra, 2000).
2. Ibid., p. 52
3. Alix Kirsta, "¿Confías en tu memoria?", *Selecciones* (marzo 2011), pp. 38–45.

Capítulo 12

1. Jack Canfield, Mark Victor Hansen, Jennifer Read Hawthorne, Marci Shimoff, "The Best of Bits & Pieces" en *Sopa de pollo para el alma de la mujer* (Deefields Beach, FL: Health Comm, Inc., 1997), p. 46.
2. Brizendine, *El cerebro*, p. 36.
3. Ibid., p. 37.
4. Ibid., p. 37.
5. Ibid., p. 43.
6. Ibid., p. 37.
7. Proyecto Salón Hogar.com, http://www.salonhogar.net/Enciclopedia_Ilustrada/Etimologia.htm, "Entusiasmo".

Capítulo 13

1. RAE, http://www.wordreference.com/definicion/dominio.
2. Proverbia.net, http://www.proverbia.net/citasautor.asp?autor=524/, http://www.proverbia.net/citastema.asp?tematica=256.

Capítulo 15

1. RAE, http://www.wordreference.com/definicion/obedecer.

Capítulo 16

1. John MacArthur, *La Biblia de estudio MacArthur* (Nashville: Grupo Nelson, 2011), p. 40.
2. J. F. Walvoord y R. B. Zuck, *El conocimiento bíblico, un comentario expositivo: Antiguo Testamento, tomo 1: Génesis-Números* (Puebla, México: Las Américas, 1996), p. 67.
3. RAE, http://www.wordreference.com/definicion/confiar.

Capítulo 17

1. Miguel Collado, "Cuento del perdón", Anécdotas con intención, http://www.anecdonet.com/modules.php?name=News&file=article&sid=670.

Capítulo 18

1. RAE, http://www.wordreference.com/definicion/justicia.
2. Ibid., http://www.wordreference.com/definicion/bendecir.

Acerca de la autora

*Norma Pantojas nació en Puerto Rico. Tiene un bachi-*llerato en Estudios Hispánicos, una maestría en Consejería de Familia y un doctorado en Consejería Cristiana. Por varios años, enseñó Cursos de Español y de Calidad de Vida en el Colegio Puertorriqueño de Niñas, en San Juan, Puerto Rico. Lleva treintisiete años casada con Jorge Pantojas, con quien tiene tres hijos. Desde el año 1988 ella y su esposo han pastoreado la Iglesia Cristiana Hermanos Unidos en Bayamón, Puerto Rico. Es la anfitriona del programa *Semillas de Amor*, que se transmite por NCN Televisión desde el año 1991. Fue animadora y consejera en la emisora radial Nueva Vida. Ha sido colaboradora en programas como *Levántate*, que se transmite por Telemundo Internacional, *Noticentro al amanecer*; que se transmite por WAPA TV y en el programa *Día a Día*, que se transmite por Telemundo. Ha dictado conferencias dirigidas a la mujer y a la familia tanto en Puerto Rico, República Dominicana, Honduras, Ecuador, México, Costa Rica, Paraguay y Estados Unidos.

Norma Pantojas inició su exitosa trayectoria como escritora en el año 2006 con la publicación de varios éxitos de librería.

En este nuevo libro, *Lo que pasó, pasó...*, demuestra cómo los conflictos no resueltos del pasado mantienen tanto a las mujeres como a los hombres, encadenados por el odio, el resentimiento y la venganza, sentimientos que no le permiten progresar.

Norma afirma: «Me siento feliz, realizada como mujer, madre, esposa y como profesional. Estoy convencida de que cuando Dios es el centro de nuestras vidas y estamos en la disposición de amarle, obedecerle y serle fiel, la vida fluye con gracia y podemos vencer los obstáculos que se nos presentan durante nuestro caminar por ella. Por eso estoy de acuerdo con el que una vez dijo: «La vida se vive una sola vez, por tanto, planifícala».

CPSIA information can be obtained at www.ICGtesting.com
Printed in the USA
LVOW061120220212

269921LV00001B/2/P